シリーズ「遺跡を学ぶ」145

琉球王国の象徴 首里城

當眞嗣一

新泉社

琉球王国の象徴

―首里城―

當眞嗣一

【目次】

編集委員
勅使河原彰（代表）
小野　昭
小野正敏
石川日出志
小澤　毅
佐々木憲一
装幀　新谷雅宣
本文図版　松澤利絵

第1章　首里城をとり戻せ

1　沖縄戦と首里城

古都首里は丘の上にある。その南縁部の頂に鎮座しているのが首里城だ（図1）。平成の復元をへてよみがえった朱塗りの建物と白色のうねる石垣が南国の空に映え、夜ともなるとライトアップで幻想的な景観をみせてくれる美しい城であった。

首里城は、五百有余年にわたって存続し、琉球王国の政治・経済・文化・外交の中心的役割をはたしてきた城であった。また、琉球の築城や土木・建築技術の粋を集めて築城された沖縄を代表する城でもあった。日本をはじめとして中国、朝鮮、東南アジア諸国との交流を深めるなかで優れた文化を創り上げてきた琉球王国。その拠点であった首里城は華やかな王朝絵巻の象徴として今次大戦の直前まで首里の高台でその威容を誇っていた。

しかしながら、太平洋戦争末期の沖縄戦では、一帯がもっとも激烈な戦場となるにおよんで正殿をはじめ城内および周辺の貴重な文化遺産が失われた。

一九四一年（昭和一六）一二月八日、ハワイの真珠湾攻撃によって太平洋戦争がはじまった。開戦当初、日本軍は破竹の勢いで進撃をつづけていたが、一九四二年（昭和一七）六月のミッドウェー海戦を境にして太平洋の戦局は逆転した。戦況が悪化してきた一九四四年（昭和一九）三月、南西諸島の防衛を目的に第三二

図１●復元された首里城（首里城公園）
西側上空から、復元された正殿・北殿・南殿などの建物群と曲線を描く城壁を望む。手前右のこんもりとした緑は、城内でもっとも神聖な空間「京の内」。

軍が創設された。

こうしてはじまった太平洋戦争末期の沖縄戦は、日米両軍の最後・最大の戦闘であり、激しい国内地上戦であった。沖縄県教育委員会編による『高校生のための　沖縄の歴史』は、沖縄戦の特徴としてつぎの四点をあげている。

一つには勝ち目のない捨て石作戦であり、本土防衛と国体（天皇制）護持のための時間稼ぎの戦闘であったこと。二つには一般住民を巻き込んだ地上戦がおこなわれたために、軍人よりも民間人の被害が多かったこと。三つには軍事物資も兵力も国民を総動員して供給するという国家総動員体制地方版として戦われたこと。四つには住民が信頼していた日本軍による住民殺害事件が多発したこと。

このように総括される沖縄戦では、三カ

図2●沖縄戦で破壊された首里城と首里の町並み
手前の石垣は首里城跡の城壁、右が円鑑池（えんかんち）で左が龍潭（りゅうたん）。龍潭の北に接していた琉球国王世子邸中城御殿（なかぐすくうどぅん）の建物群も焼け落ち、みるかげもなく破壊しつくされた首里の町並み。

月以上にもおよぶ「鉄の暴風」が吹き荒れた。そのため二十数万、という尊い人命が犠牲になり、県民の財産もことごとく奪われた。同時に過去から継承されてきた数多くの貴重な文化遺産も消失することになった。

とくに首里城跡の地下深く第三二軍の司令部が置かれたこともあって、文化遺産の集中する首里の町は米軍の猛攻撃にさらされることになった。首里城の地上部分の国宝建造物や神社仏閣および石垣や赤瓦がよく保存されていた首里の町並みなど、貴重な文化遺産の数々が破壊されてしまった（**図２**）。また、一九五〇年に首里城跡に琉球大学が設置され、校内所狭しと校舎が建設された（**図３**）。そのため、戦禍をくぐり抜けてきた城壁の一部も、大学の設置建設工事によってさらに壊されてしまった。

図３●開学当初の琉球大学本館ビルと構内
現在の首里城奉神門前の下の御庭（うなー）方面より撮影された琉球大学２階建ての本館。首里城正殿は本館前の駐車場地下で検出された。

2　首里城を復元せよ

首里城復元への沖縄県民の想い

当然のこととして沖縄文化の象徴を失った県民の失望は大きく、これをとり戻したいとする心情は計り知れないものがあり、それゆえに首里城の復元は戦後の大きな課題になっていった。

このような状況下、一九五〇・六〇年代になると、旧琉球政府文化財保護委員会などによって戦災文化財の復元事業が開始され、「守礼之邦」という扁額を掲げた坊門《ぼうもん》、守礼門《しゅれいもん》（一九三三年〔昭和八〕国宝に指定、沖縄戦で焼失、**図4**）や第二尚《しょう》王統の菩提寺、円覚寺の総門（一九三三年国宝に指定、沖縄戦で焼失）など文化遺産の復元がおこなわれてきた。

一九七二年の復帰後は、琉球大学の移転計画もあり、その跡地利用の計画が検討され、これらの検討をふまえて、やがて首里城跡の復元整備事業が復帰後、本格的に推進されることになった。

文化財の復元に発掘は必要か

こうして復元への道はひらけたが、それからもさまざまな難関が待ちかまえていた。その一つが、文化財整備で重視されるはずの発掘調査のことである。

遺跡の整備や復元は、文化財の〝真正性〟を保つため慎重かつ綿密な調査研究と学術的な成果をふまえて実施されなければならない。遺跡本来の状態を正確に把握するため、遺跡復元の前に綿密な発掘調査が実施されるのはそのためである。

ところが、こうした当たり前のことが、首里城の復元作業がはじまる一九七〇年代にはあまり周知されていなかった。首里城正殿の姿をよく知る前世代の人びとにとって首里城は沖縄文化のシンボルであり、その早期復元は悲願であった。

そうしたなか、正殿復元が実現へむけていよいよ動き出してくると、「正殿を一日でも早く復元してほしい」と主張する人びとのあいだから発掘調査の必要性はないとする声が聞かれるようになった。こうした声の多くは、発掘調査で時間と経費がかさみ正殿復元のチャンスが失われてしまうのではないかという懸念からであった。

またその一方では、「正殿の復元にあ

図4 ● 旧首里城守礼門
中国でいうところの額を掲げる門という意味の「牌楼」の流れをくむ建造物で、宮殿の前方路上や街路に建てられる装飾建築。中国皇帝の使者が来たときに「守礼之邦」の扁額を掲げたことから常時掲げるようになった。尚清王代（1527～1555年）の創建、1933年（昭和8）国宝指定、沖縄戦で破壊されたあと1958年に復元され、今日に至る（沖縄県有形文化財〔建造物〕）。

たってはデータを数多く集め後世に悔いを残さぬよう慎重にすべきだ」という意見もあり、この時期になって正殿の復元をめぐって二つの意見が顕在化し、あたかも対立しているかのような様相を呈した。

こうした対立は、復元にたいする両者の考え方がきちんと整理されてこなかったことに起因しておこったものであった。当時は遺跡整備や復元の考え方が広く浸透していなかった時代でもあり、こうした意見のちがいがおこってくるのも無理からぬことであった。

文化財を所管する沖縄県教育庁文化課では、県民にたいして遺跡整備についての理解を求める一方、整備前の基礎調査の必要性・重要性を広くよびかけていった。そうした努力がやがて実を結び、発掘調査のための予算が県単独事業として計上されることになり、一九八五年に首里城正殿跡の発掘調査が二カ年間の事業としてスタートすることになった。

県民が久しく待ち望んでいた正殿の復元作業もいざ事業着手の段階になって、はじめて正殿の四隅の位置すらはっきりしてないことがわかってきた。さらにまた、復元整備に必要な基礎資料が圧倒的に不足していることも浮かび上がってきた。

一九二七年（昭和二）から一九三三年までの七年間におよぶ昭和の大修理をへて沖縄戦の直前にいたるまで、「沖縄神社」の拝殿として使われ、旧国宝建造物として保存されていた首里城正殿であったが、沖縄戦で焼失し、その後琉球大学が創設されたことで大きな改変を受け、建っていたその位置すらわからなくなっていたのである。こうした手探りのなかではじまった正殿の発掘調査は、まず四隅の位置確認の調査からはじまった。

正殿基壇跡に残る沖縄戦の爪痕

首里城正殿の発掘調査は、復元に先立って地下遺構の状況を把握するとともに、復元への基礎資料を整備し、さらにその創建から沖縄戦で壊滅するまでの変遷史を究明するという目的をもって、県教育委員会の事業として実施された。

発掘調査はまず琉球大学の構内に残る固い整地層を油圧シャベルを使って掘削することからはじまった。やがて建物や構造物を支える基壇の一部が掘りだされ、その全容が姿をあらわしたのである（図5）。

しかし、正殿基壇の保存状況は予想以上に悪く、基壇の化粧石は、沖縄戦で砲火を浴びて赤変し、基壇の上部は約三〇～四〇センチも削られ平らにされてしまって、建物の礎石をはじめ基壇のまわりを飾る勾欄《こうらん》や装飾なども原位置で確認することができない状態であった。戦災による被害はとくに基壇の中央部や北側の地区でひどく、そこでは

図5 ● 首里城正殿の発掘調査
首里城正殿基壇正面南西側の化粧面石を移植ゴテでていねいに掘りだしているところ。琉球大学本館前の駐車場造成で削られたため、基壇の上半分が破壊されていた。

直径一〇メートルの砲弾穴（**図38参照**）や深さ一メートルにもおよぶ地盤沈下がみられた。また、米国製の二五〇キロ不発弾が掘りだされるなど、首里城は戦争の爪痕を大きく残していた。

そうしたなか、正殿の発掘調査中も発掘不要論とのせめぎ合いはまだつづいていた。行政全体としての調査体制は弱く、しかも予算が暫定的なものであったため、限られた期間内での調査となった。遺跡復元前の発掘調査が当たり前のことになっている現在からみれば、想像すらできない時代であった。

こうした紆余曲折をへて実施された正殿の発掘調査ではあったが、復元にあたってのいろいろな基礎資料や物的証拠をえることができ、その後の首里城正殿の復元に大きく寄与することになったのである。

3　よみがえる首里城

首里城は大まかに内郭と外郭二重の石垣によって構成されている（**図29参照**）。一九七二年からはじまった沖縄県教育委員会が所管する首里城外郭の石垣修復事業では、首里城の表となる歓会門《かんかいもん》や久慶門《きゅうけいもん》などの城門とその接続石垣工事が一九八四年に完成し、その翌年から歓会門と久慶門内郭の復元整備が「首里城城郭等復元整備事業」として継続されることになった。

この事業はその後も継続的に実施され、東のアザナから南側城壁にかけて首里城外郭を時計の逆まわりに年次的に進められていった。

こうして三〇年の歳月をかけ二〇〇二年四月、首里城の外郭をとりまく城壁の整備がすべて終了した（**図1参照**）。ちなみに整備された城壁石垣の総延長は一〇八〇メートルである。

一方、城郭内側の内郭の区域約四ヘクタールについては、沖縄県の本土復帰を記念する国の都市公園整備事業（国営沖縄記念公園首里城地区）として公園整備されることが閣議決定された。その公園整備の目玉となる首里城正殿の復元を含め正殿・御庭《うなー》ゾーンや城郭ゾーン、および大手城門ゾーンなどの整備なども進行した。さらに城郭外側の区域約一四ヘクタールも県営公園事業として随時整備され、沖縄の本土復帰二〇周年にあたる一九九二年、四七年ぶりに首里城正殿（**図6**）をはじめとする主要区域がよみがえることになったのである。

図６ ● 復元された首里城正殿
首里城内でもっとも主要な木造建造物。百浦添（ももうらおそえ）と称し、全琉球の浦々（各村々）を支配するという意味に解されている。平成の復元では、「1712年頃再建され1925年に国宝指定された正殿の復元を原則とする」との方針にもとづき復元された。

第2章　グスクの時代

1　先史時代の琉球

太古の人骨

琉球の歴史は本土と異なる独自の歩みをしてきた（図7）。

人類学の研究成果によると、この琉球列島に遙か大昔から人類が住みつき、生活していたことが明らかになっている。いまからおよそ三万二〇〇〇年前のものとされる山下洞人《やましたどうじん》（那覇市）をはじめ、二万六〇〇〇年前のピンザアブ洞人（宮古島）・一万八〇〇〇年前の下地原《しもじばる》洞人（久米島）、そして「THE MINATOGAWA MAN」と名づけられた二万二〇〇〇年前の港川《みなとがわ》人《じん》（八重瀬《やえせ》町）などである。また最近では、八重山《やえやま》諸島の石垣島でも白保竿根田原《しらほさおねたばる》洞穴遺跡で二万年以上も前の人骨が発掘され注目されている（図8）。

こうした旧石器時代の人骨は琉球石灰岩の洞穴やフィッシャー（岩の裂け目）遺跡から発見

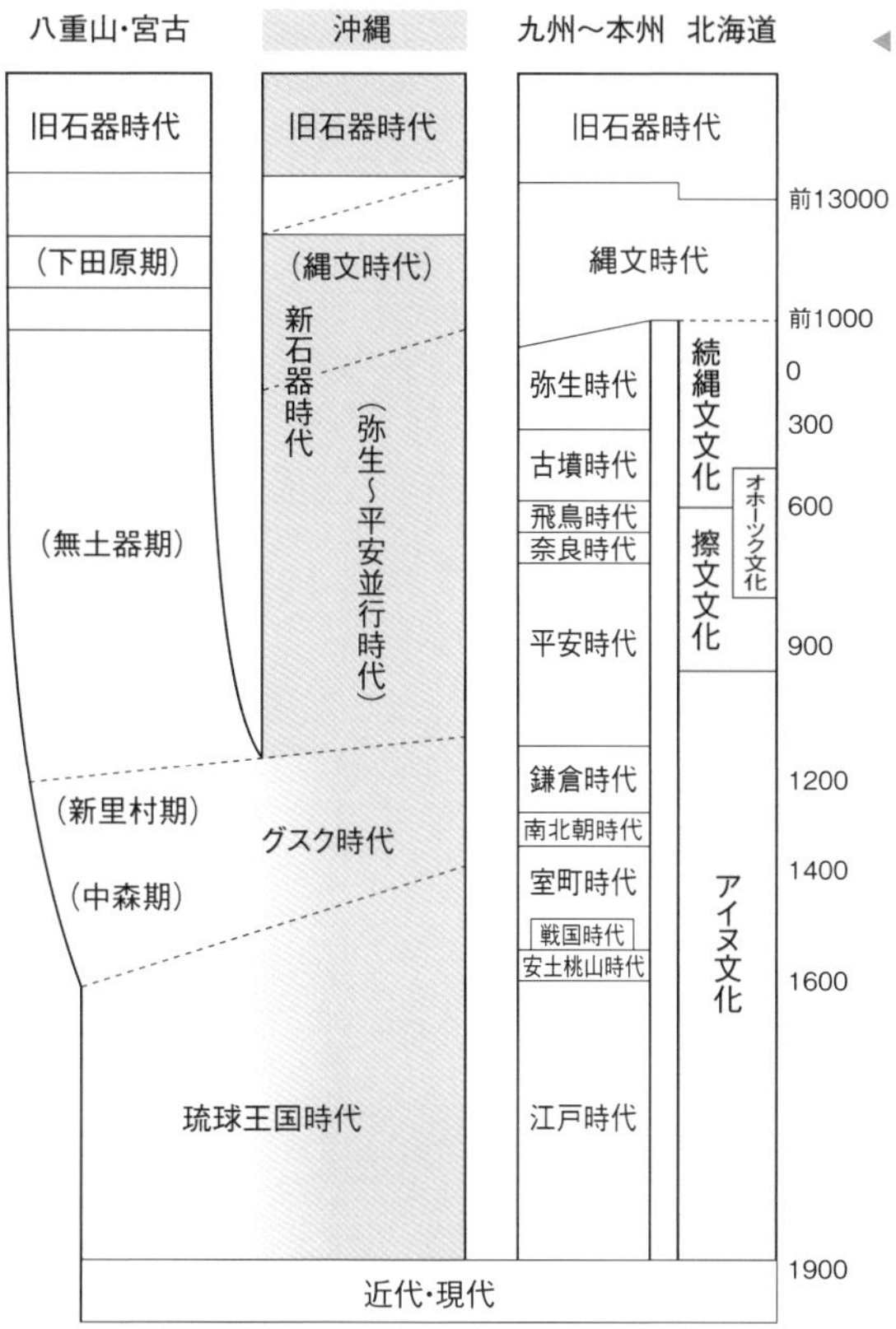

◀図7 ● **琉球列島の歴史区分と考古学編年**
琉球の歴史は、本土と異なる独自の歩みをしてきた。また、先史時代にあっては、沖縄諸島、宮古・八重山諸島の各島々でもその文化内容にちがいがあり、多様性に富んでいた。

▼図8 ● **石垣島・白保竿根田原洞穴遺跡の発掘調査**
石垣島の新石垣空港敷地内で新空港建設の際発掘調査された旧石器時代を中心とする洞穴遺跡（左）。旧石器時代の地層から数百点を超える人骨が発見され話題をよんだ。人骨から直接抽出されたタンパク質からの年代測定で約24000～16000BPの数値がえられ、旧石器時代人骨のミトコンドリアDNAの分析にも成功した。掘りだす際、素手で直接人骨に触れないよう手袋をして慎重に作業がおこなわれた（右）。

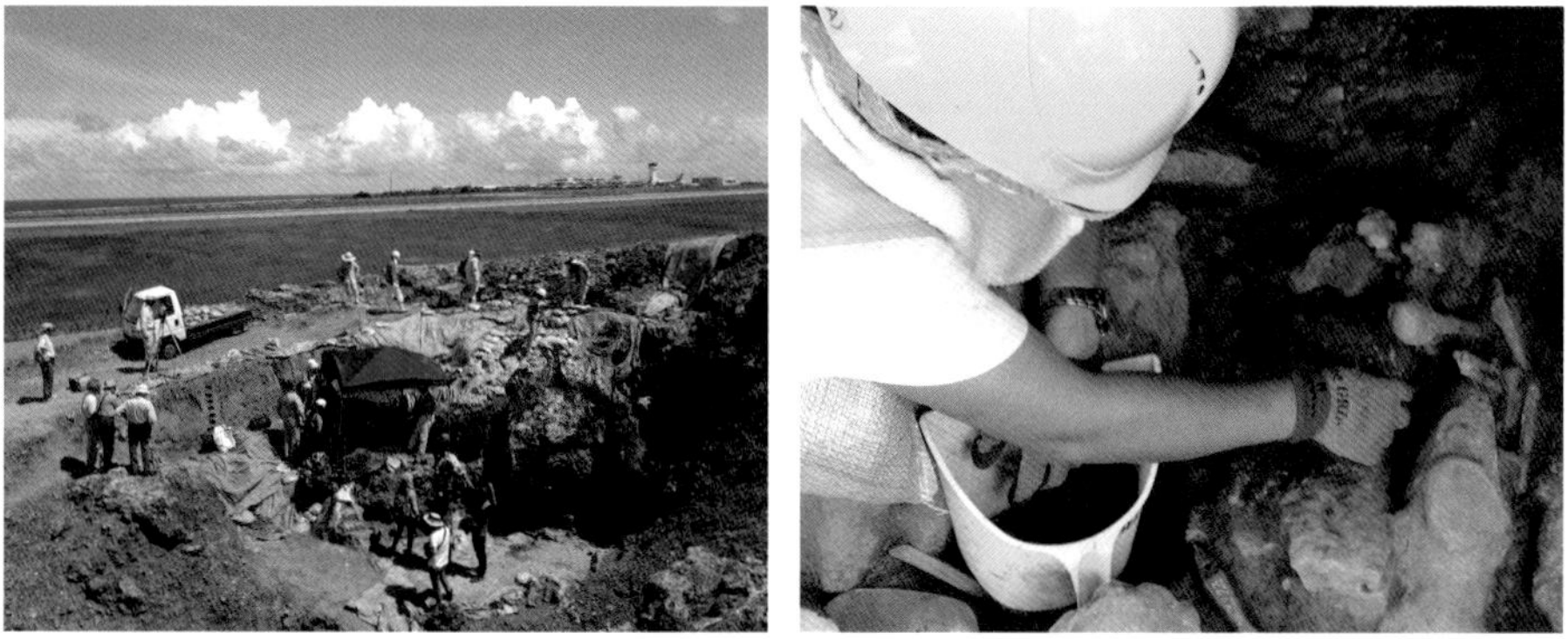

されるという特徴がある。石灰岩には炭酸カルシウムが多く含まれるため、アルカリ分の作用によって化石として保存されるからだ。琉球石灰岩の発達する琉球列島の島々はまさに太古の人骨が豊富な島だ。

琉球の縄文文化

新石器文化に属する琉球の古い土器文化は、縄文文化圏の範疇としてとらえられている。しかし、この琉球の縄文文化も沖縄島止まりであり、沖縄島から二百数十キロも離れた宮古島以南にはのびていない。沖縄島から宮古島までは島影一つみえない大海原がつづくからだ。縄文人たちは遙か海のかなたまで命をかけるような冒険を選ばなかったようだ。

沖縄の先史土器文化は、九州からの伝播と遮断をくり返しながらゆっくりとしたテンポで進みつづけていた。これまで知られている沖縄諸島の先史土器文化は、約七〇〇〇年前ごろだといわれている。縄文時代の早期に相当する時期である。

図9 ● 嘉手納貝塚（嘉手納町）**などから出土した土器群**
いまから3000～4000年前の沖縄諸島では、先端が二叉に分かれている道具で施文された写真のような土器が使われていた。口縁部に4つのコブ状の突起をつけた荻堂式土器は、南島の土器のなかでも美しい装いをしているもののひとつである。

つぎの時代になると、西部九州の縄文前期を代表する曽畑《そばた》式土器や条痕文《じょうこんもん》土器が沖縄に南下し定着する。とはいえ沖縄の先史時代の文化は、縄文起源だけでは解けないことが多い。とくに縄文後期相当期になると、南島独自の土器文化が発展していく。

この時期を代表する伊波《いは》式土器、荻堂《おぎどう》式土器（図9）の分布範囲は沖縄島とその周辺の島々に限定され、遺跡の数が前の時期より爆発的に増えていく。また土器の文様、形態などにおいても見分けがつかないほど共通し、島々で互いの往来が盛んだったことに加え、人口も増え、地域性の強い土器文化として発展していたことをうかがわせる。土器や石斧などのほかに骨牙器、貝製品なども豊富となり、とくに獣形や蝶形の装飾品（図10）が多用されるようになる。

この特異な装飾品の系譜については、大陸―華南沿岸と台湾を含む世界との交渉の証ではないかという考え方もある。いずれにしても縄文後期相当期の琉球諸島の土器文化は、地域的な個性、つまり独自の生活様式や精神生活の習俗が形成され、南島的な独自の縄文文化として花開いた感さえある。

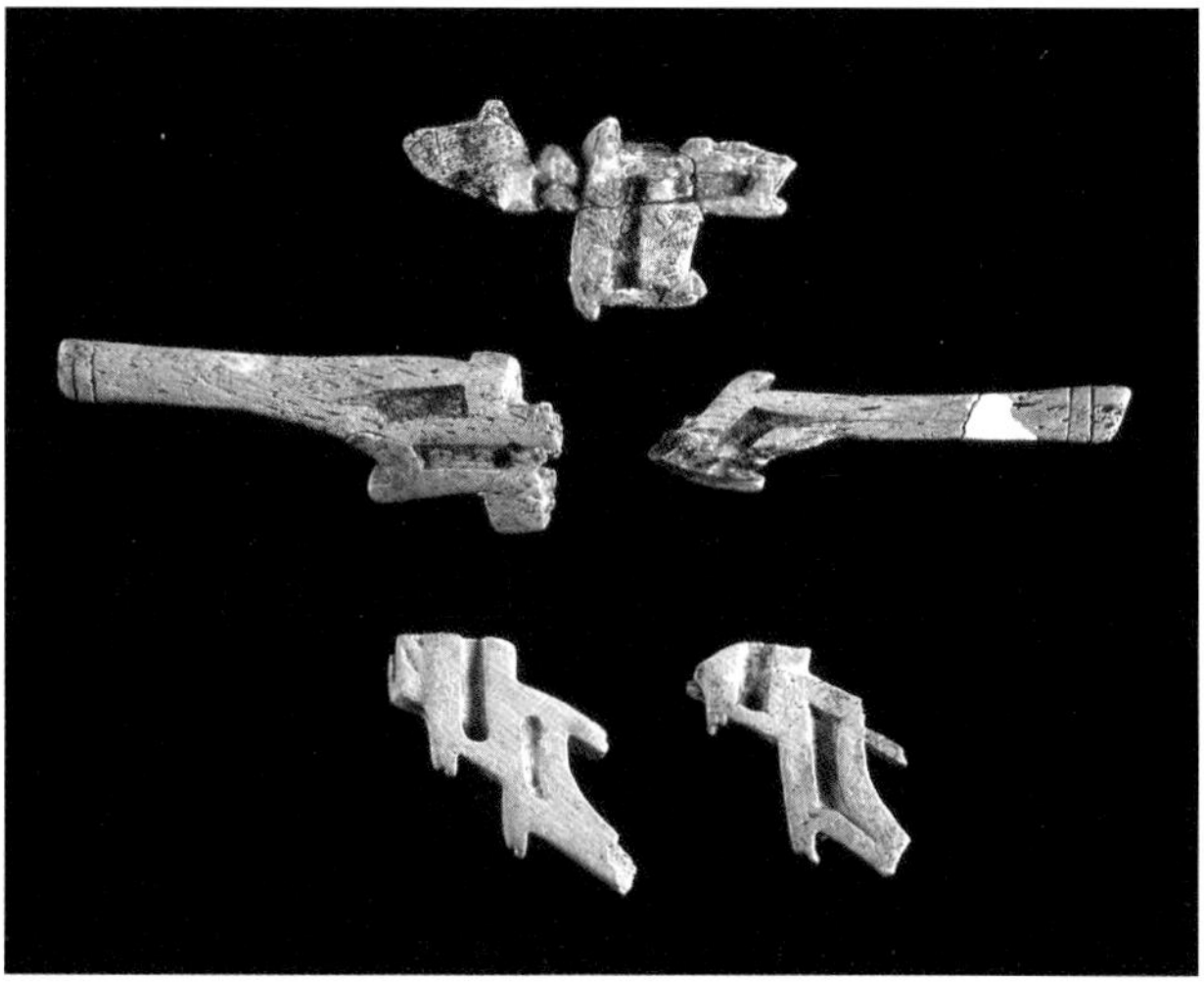

図10●**蝶形装飾品**（津堅〔つけん〕島キガ浜貝塚出土・うるま市）
南島的な装身具とされている骨製品。素材は天然記念物に指定されているジュゴンの骨が主体。時期によって形が変化し、写真のような蝶形の骨器を2～4つに分割作成して組み合わせることで大形化していく。なかには朱の顔料が塗られたものもある。

弥生時代並行期

縄文時代につづく時代を「弥生時代並行期」といっている。弥生土器の移入は確認されているが、水田稲作など弥生文化が定着していたとする証拠はいまだみつかってない。したがって、この時代は日本の時代区分の枠外にあるとの見方もある。

しかし、当時の琉球がまったく隔絶された社会だったわけではない。この時代には、とくに「貝の道」と称される海上の道を通って、ゴホウラやオオツタノハ、イモガイなどの南島産大型貝が半分加工された状態で北部九州などの消費地に運ばれていったことが知られている（**図11**）。日本とは海によって結ばれていた時代だった。

弥生時代並行期につづく時期、つまり日本列島の歴史でいえば古墳時代、奈良時代、平安時代にかけての時代のことについてはまだよくわかってない。沖縄諸島のどの地域でも古墳が造営された形跡はなく、また、古墳文化も存在が確認されていない。そのころの沖縄は、日本列島の政治の枠外にあり、日本の歴史とは異なる独自の歴史を歩んでいた。

図11 ● 貝の集積遺構（平敷屋〔へしきや〕トウバル遺跡出土・うるま市）
こうしたイモガイの集積遺構は、海岸近くに立地する弥生時代並行期の遺跡からよく発掘される。九州弥生人との貝交易に備えたストックと考えられている。

グスク時代の胎動

日本で公家社会が終わり、やがて新しい勢力として武士が登場してくるころになると、世の中の動きは、これまでとは比較にならないほど激しく変化していった。

この大きなうねりの波はやがて沖縄の島々にも伝わり、長崎で生産された滑石製の石鍋、徳之島で生産されたカムィヤキとよばれるやきもの（**図12**）などが沖縄諸島に運ばれ消費されるようになった。こうした滑石製石鍋やカムィヤキの流入は、やがて従来から使われていた土器に大きな影響を与えていった。

また西方の中国大陸からは民間の海洋商人たちによる商活動の動きもあったのか、「開元通宝《かいげんつうほう》」といった中国銭や貿易陶磁器などが持ち込まれることもあった。また奄美大島や沖縄島および久米島で、中国の大型外洋船の碇石《いかりいし》も発見されている。

こうした奄美諸島から八重山諸島までの島々の遺跡から開元通宝、滑石製石鍋の破片、カムィヤキ、貿易陶磁器などが出土する背景には、当然、人びとの介在が予想され、そうした人びとの動きがやがて琉球社会を大きく変えるきっかけになっていった。

図12●カムィヤキの壺
灰色をした素焼きの陶器で、11～14世紀にかけて琉球列島で広く流通した。その生産地は長いあいだ不明だったが、近年、徳之島で100基以上からなるカムィヤキ窯跡群がみつかり、その名前からカムィヤキとよばれるようになった。

2　グスクの誕生

グスクとは

沖縄考古学では、新石器時代につづくつぎの時代を「グスク時代」とよんでいる。

一二、一三世紀にはじまるとされるこの時代は、各地社会的に大きく飛躍を遂げる時期でもあった。各地には政治的支配者である按司《あじ》が誕生する。彼らの多くはその地位を守り、勢力をひろげるために「グスク」を築いて土地・人民を支配し、いわば地方での有力者的な存在として互いに覇を競いあった。

グスク時代の指標となる遺跡は、石灰岩台地の上に石塁《せきるい》や石垣、あるいは切岸《きりぎし》とよばれる人工的な急斜面を防壁面として築いており、軍事的な性格の強いグスク遺跡と称されるものである（図13）。

そうしたグスクは、いまでは村人たちが信仰する御嶽《うたき》とかさなっている場合が多い。グスクの地表面をよく観察すると、貿易陶磁器のかけらや中国銭、

図13 ● 勝連城
東の曲輪から曲面が美しい城壁を望む。手前が四の曲輪で一番奥の高い城壁が主郭。

あるいは土器のかけらなどを拾うことができる。また、グスクには貝塚が形成されている場合もある。だからグスクの本質をめぐって聖域説や集落説が主張されたりもする。しかし、城が人間の生命、生活空間、財産を守るために構築された施設であるとすれば、グスクはやはり城なのである。

グスクの分布

一九八三年に沖縄県が実施したグスク分布調査の結果、沖縄島とその周辺離島で二二三カ所のグスクが確認されている。その内訳は、沖縄島が三つの国に分かれ鼎立《ていりつ》した三山分立時代の北山《ほくざん》、中山《ちゅうざん》、南《なん》山《ざん》の三つに区分した分布状況にそくした地域区分でいえば、北山に

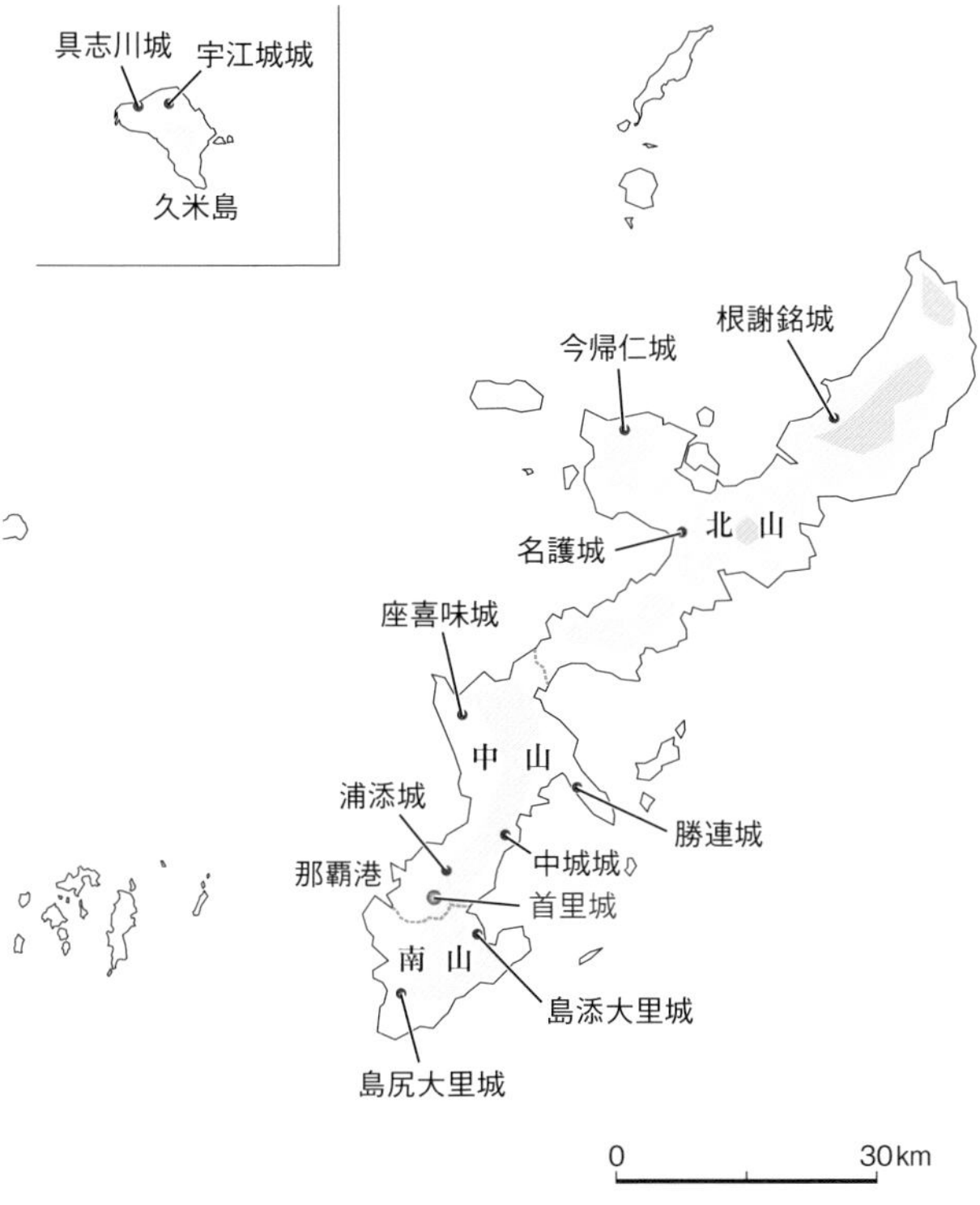

図14 ● 主要グスクの分布
沖縄諸島では、14世紀半ばには沖縄島北部、中部、南部の三つの小国家が形成され、三山分立時代をむかえた。そうした国家胎動期に数多くのグスクが各地で築城された。最近の調査でその数300カ所とも400カ所ともいわれている。沖縄島の中・南部に厚く、北部に薄く分布している。

相当する沖縄島北部では四五カ所、中山に相当する沖縄島中部で六五カ所、南山に相当する沖縄島南部が一一三カ所で、北部に薄く、南部に数多く分布している。

北部地域は、沖縄島の北半を占め、「国頭《くにがみ》」という名称が示しているように島の頭部にあたる地域である。大部分が山地または丘陵地で、山脚は急峻な地形をもって海岸に迫っており、海岸沿いにも平野の発達は乏しい。そのことからこの地域は「山原《やんばる》」とも称されている。耕地面積は比較的狭く、三つの地域のうちもっとも広い面積を有しながら人口密度は一番低い。

中部地域は、北部地域の国頭にたいし「中頭《なかがみ》」とよばれ、沖縄島の中央部を占める地域である。地形的には北部と異なり山地がほとんどみられず、琉球石灰岩におおわれた低い丘陵と台地上の緩傾斜面が広く分布し、東海岸に面する低位置地帯には泥灰岩が広く露呈している。

この地域の勝連《かつれん》半島や宜野《ぎの》湾市、浦添《うらそえ》市、中城《なかぐすく》村では、島尻《しまじり》層群を基盤にひろく石灰岩がのる卓状台地をつくっているが、この石灰岩台地の縁は急崖となっているために、この天険な地形を巧くとり込む形で多くのグスクが築かれている。過去から現在まで中部地域は沖縄の中枢部となったところである。

この地域におけるグスク分布の状況は首里城以前の王城だった浦添城、琉球の歴史上で名築城家として知られる護佐丸《ごさまる》が築いた座喜味《ざきみ》城や中城城、護佐丸とともに最後まで琉球の覇権を争った阿麻和利《あまわり》の勝連城など著名なグスクが集中的に分布している。

南部地域は沖縄島の最南端に位置することから、北部の国頭、中部の中頭にたいして「島尻」と称されている。この地域は、中部とほぼ同じ地形的特徴を有しているが、旧大里《おおざと》村《そん》（現・南城《なんじょう》市大里）、南風原町《はえばるちょう》、旧東風平町《こちんだちょう》（現・八重瀬町東風平）のような内陸部では起伏に富む小丘陵を形成している。南部のグスクは大方このような地形に築いている。

南部の離島である久米島《くめじま》は、中山の貿易の拠点となった那覇港の西方海上約一〇〇キロに浮かぶ島である。中山の勢力範囲に入るのは第二尚氏の尚真王《しょうしんおう》代だといわれ、統一前の久米島でも数多くのグスクが築かれ、按司たちの攻防の歴史がある。

面積は小さいが地形的に変化に富み、第三紀安山岩からなる大岳《おおだけ》と阿良岳《あらだけ》を中心とする山岳地に二分されており、その縁辺には台地や丘陵がつづいている。グスクは島の中央部を占める山岳地に宇江城《うえぐすく》城（**図15**）が、その縁辺の台地や丘陵上には登武那覇《とんなは》グスクと伊敷索《ちなは》グスクが占地している。

久米島を含む南部地域は、三地域中もっともグスクが密集し、なかでも南山の中心地であった現

図15 ● 久米島の宇江城城跡（東から）
久米島でもっとも高い標高310ｍの宇江城岳の尾根上に築かれる。久米島のほぼ全体を望むことができ、久米島支配の拠点だったと考えられる。築城主体者や築城年代は記録がなく不明。城内からは青磁碗、皿、酒会壺、褐釉陶器など14～15世紀に属するものが多く出土し、とくに天目茶碗の大量出土は目をひく（国指定史跡）。

在の糸満《いとまん》市では、総面積四六平方キロの市内に四三カ所のグスクがあり、一平方キロあたりおよそ一カ所という割合で確認されていて、分布密度がもっとも高くなっている。

グスクの立地

グスクの立地について、沖縄の考古学研究者でグスク集落説を主張した嵩元政秀《たけもとまさひで》は、岩石からなる丘陵、小高くなった岩丘、河川に沿った丘陵、海岸に突出した岩丘、周囲またはある部分が険しい断崖をなす険阻な地形を利用して築かれたもののほか、例外として岩石のない第三紀層の丘陵、海岸砂丘に立地する場合もあるとしている。

グスクの立地は一様ではないが、防御に適した場所に立地しており、地形を巧みに利用して峻険なところはそれを生かし、平地につづくところには一重か二重の石垣をめぐらし、堀切《ほりきり》を設けるなど高い独立性をもって築かれていると総括できる。

グスクには石垣で築くものと土で築くものがあり、奄美大島や沖縄島北部の非石灰岩地帯では土のグスクが多く、沖縄島の中・南部の石灰岩地帯では石垣を多用するグスクが多い。土のグスクは土塁《どるい》や切岸、堀切などで防御する。

発掘調査の結果によると、沖縄ではじめて総石垣のグスクが築かれるのは一四世紀の前半から中ごろにかけてのことである。本土の近世城郭で石垣が採用される時期より約一〇〇年から一五〇年以上も古く、近世城郭の石垣とはルーツが異なることがわかる。

近年筆者が明らかにしつつあるグスクの縄張りは、琉球が近隣諸国の進んだ軍事技術を導入することで築城技術が発達していったことを証明するものになっている。

たとえば、グスクを一見すると城壁石積みや首里城にみられるような正殿などは中国や韓国の城によく似ている。しかし、グスクの構造をよくみると、山の一番高いところから低いところへ順に主郭、二の郭、三の郭といった梯子のような構造をとる（**図16**）。こうした郭の配置は日本の城によく似ているといわれる。また、中国や韓国の城のほとんどが城内に集落をとり込む形のいわゆる都市築城の風であるのにたいし、日本の城やグスクにはそうした例はほとんどみられない。この三国の城のいいところをとって発達していったのが沖縄のグスクではないだろうか。

図16 ● 中城城跡（北東から）
上空からみた城壁は左右対称形となっていて、上品な美しさがある。手前から三の郭、二の郭、主郭とつづき、右側が北の郭、その奥に西の郭と南の郭がある。築城主体者は記録がなく不明。近年の発掘調査で14世紀にはすでに基本部分ができあがっていたことがわかった。15世紀の前半になると、築城家の護佐丸が東側の勝連半島で権勢を誇っていた阿麻和利にたいする備えとして座喜味城から移封されたといわれている。

3　大交易時代

壮大な交易ルート

グスク時代の琉球は、いまふうのことばでいえば、琉球がもっとも輝いていた時代であった。当時の琉球の人びとは、海という障壁をものともせず、海を交通路として切り開くことで貿易を活発化させた（図17）。

九六〇年、中国では宋が建国した。宋は建国と同時に外国との貿易を振興させる政策を打ちだした。その結果、宋の商人たちは東アジア各地に貿易の拠点となる居留地をつくり華僑として発展していった。

そうした動きのなかで日本の海商たちも海外への交易活動をひろげ、やがて東アジア世界の交易体制ができあがっていった。そうした東アジアの影響は奄美・琉球諸島にもおよび、交易によるモノ・ヒトの移動が活発化していった。博多湾の海底などから引き上げられ、かつて蒙古の碇石などと称された大型外洋船装着の碇石が奄美・琉球諸島でも確認されるのは、そうした背景をものがたる。

こうした東アジアの経済新秩序は一三世紀から一四世紀の元王朝になってもつづくが、とくに一四世紀の中葉以降になると、日本の海商たちのなかには朝鮮半島や中国沿岸部を襲い米穀の類や住民を略奪するものがあらわれた。いわゆる倭寇《わこう》である。倭寇の出現には当時の日本や高麗《こうらい》の国内事情、中国での蒙古軍台頭などの複雑な国際関係の動きが関係したといわれている。

明との朝貢貿易

一三六八年になって、中国では明《みん》が成立した。明朝を打ち立てアジア社会の盟主になったのが朱元璋《しゅげんしょう》であり、後の中国皇帝洪武帝《こうぶてい》である。彼の建国の原理は、儒教主義による中華帝国の再建であった。そのためには周辺の国々が明という中華帝国に朝貢する国際秩序を確立する必要があった。したがって朱元璋にとって倭寇対策は国際秩序確立のための大きな課題となった。

一方、倭寇の猛威は明朝成立後も止むことがなく、さらにその時期になって反明活動をする残党勢力のなかには倭寇と結託し、中国沿海民を巻き込んで貿易をおこなう者もあらわれた。洪武帝はそれらの活動を封じ込めるために徹底した海禁政策を実施した。また、

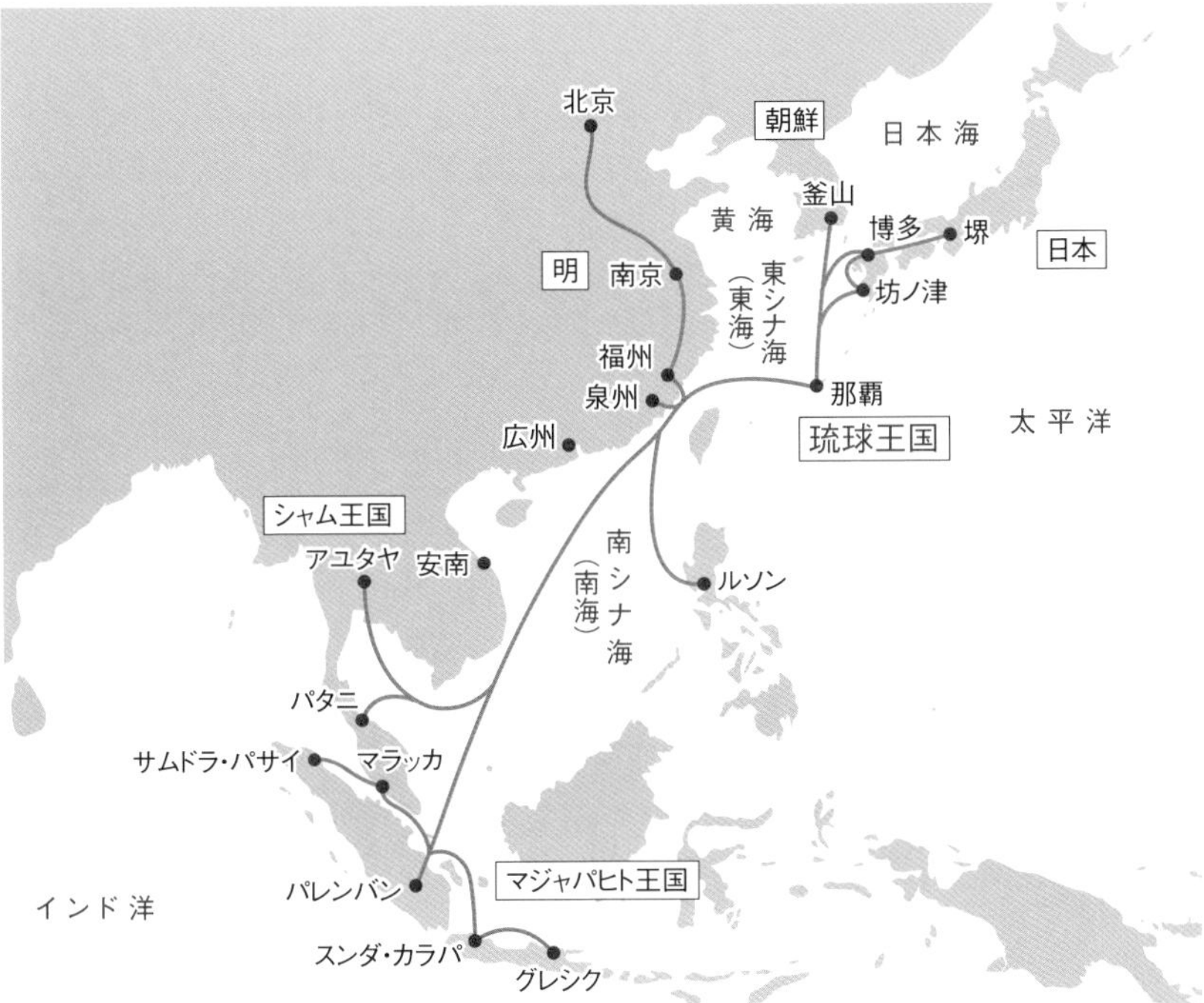

図17 ● 琉球の対外貿易航路
琉球は、14～15世紀に日本や中国、朝鮮だけでなくシャム、マジャパヒト、マラッカなど東南アジア諸国と貿易を活発におこなっていた。しかし、16世紀になると世界的な情勢の変化で琉球の対外貿易は衰退していき、やがて途絶えてしまった。

外国にたいしては「天子」との名目的な君臣関係を結んで、進貢による貿易を求めるといった朝貢制度をとることで海外貿易権をも掌握していった。こうして明朝を中心とする冊封《さくほう》体制という新たな国際秩序が東アジアのなかでつくりあげられていった。

冊封体制とは、周辺の国々が中国を盟主と仰ぎ、臣下として冊封を受けることで中国との貿易が許可されるという相互の関係である。したがって、そうした関係を貫徹させていくため中国は自国の人びとの自由な海外貿易・往来を禁止し、倭寇などへの取り締まりも強化していったのである。

東アジア・東南アジアに活躍する琉球

明朝のとったこうした政策は、琉球にとって幸運にはたらき、その後の琉球の歴史を大きく変えていくことになった。冊封体制のなかでの各朝貢国は、朝貢という形をとることで中国との貿易をおこない莫大な富を築くことができた。また朝貢国同士の貿易ネットワークも形成されていった。とくに明の海禁政策によって中国を経由する南海物資の動きが停滞したことによって、琉球は最大のチャンスをむかえ、中国の優遇政策を積極的に生かして東アジアや東南アジアにおける国際的交易の中継基地としての地位を獲得することができた。

一五世紀に入ると琉球の船は日本、中国、朝鮮はもとより、交易の相手としてシャム、パレンバン、マラッカなどの港湾都市を交易ルートで結ぶことによって東西南北の海をわがものとし、広く中継貿易をおこなって繁栄した。

こうして現出された大交易時代のことについて、一四五八年に第一尚王朝第六代の尚泰久《たいきゅう》王によって鋳造され首里城正殿にかけられた「萬国津梁《ばんこくしんりょう》の鐘」（図18）の銘には、つぎのように刻み込まれている。

「琉球国は南海の勝地にして三韓の秀をあつめ、大明をもって輔車となし日域をもって唇歯となす。この二中間にありて湧出する蓬莱島なり。舟揖をもって万国の津梁（架け橋）となし異産至宝は十方刹に充満す」

「琉球国は日本の南の海にある、仏法が栄えているりっぱな土地で、朝鮮のすぐれたところを取り集め、明とは上あごと下あごのようにたがいに助け合い、日本とは唇と歯のようによりそいあって助け、この明と日本と二つの国の中間にあって、大地から出現したあこがれの島である。船をあらゆる国々への橋渡しとし、異国の産物や、貴重な品々は、国中に満ちあふれている」

（現代語通釈、小島櫻禮氏）

日本・中国・朝鮮などの国々と盛んに往来し交易をおこなった時代を背景にして、当時の海外貿易の隆盛、制海の気概が表現されている。

図18 ● 萬国津梁の鐘
正式名称は旧首里城正殿鐘。大工藤原国善、銘文は相国寺住持渓隠と記されている。沖縄戦の戦火で黒く変色、銃痕も残り、撞ける状態ではない。国指定の重要文化財（工芸品）。

中山、南山、北山の明への朝貢

この時期、琉球諸島では、各地に按司とよばれる首長が活躍するようになって三勢力としてまとまり、それぞれの抗争のなかからやがて琉球王国誕生の歴史が展開していった。沖縄の考古学研究者はこうした時期を「グスク時代」とよんでいる。

一四世紀中ごろには、沖縄島に中山、南山、北山とよばれる三つの小国家が成立した。一三七二年、明の太祖朱元璋から中山王察度《さっと》のもとに服属するよう要求があり、それに答えて入貢した。続いて一三八〇年には南山王の承察度《しょうさっと》が、一三八三年には北山王怕尼芝《はにじ》がそれぞれ朝貢のための使節を送っている。

服属といっても現実には明が琉球の内政に干渉することはなく、ただ観念的、儀礼的に大国の権威を誇示するだけであった。琉球側としては朝貢することによってその倍以上のものが見返りとして恩賜され、それを機会に相互の貿易がおこなわれ、また明の文化を導入するきっかけにもなった。そのことは朝貢する側にとってはきわめて有利であった。

こうして琉球と中国との公式交通がはじまった。そしてこの中国との通行をとおして琉球の社会は政治的・文化的に急速な発達がもたらされた。

日本・高麗国との交易

一方、日本は、資源や特産品が乏しかった琉球にとって、中国への進貢品や交易品を調達し、中国や東南アジア交易で入手した品々を販売するための重要な位置を占め、琉球の中継貿易において必要不可欠な交易相手国であった。

当時の琉球からもたらされた交易品は、南海産の商品として珍重され高値で取引されたのである。室町幕府へは一四一〇年から一四六〇年のあいだに琉球の船が相当数派遣されたようであり、そうした時代について琉球史研究の歴史家東恩《ひがしおん》納寛惇《なかんじゅん》は、「尚巴志《しょうはし》頃から尚真の初年頃まで約六〇年ほどの期間が盛んな大和世《やまとゆー》であったように史実の上では証明出来る」といっている。なおここでいう「大和世」とは、日本との関係を強くした時代という意味である。

琉球の使節がはじめて朝鮮半島をおとずれたのは、文献上では一三八九年、中山王察度が高麗国に使節を送ったのが最初である。察度は倭寇に捕えられた高麗人を帰し、硫黄や蘇木《そぼく》、胡椒などを献上した。その返礼として高麗国

図19●グスクから出土した高麗系瓦
グスクから出土する古瓦には高麗系瓦と大和系瓦があり、近世になると首里城では両者の瓦に加え、中国明朝系の瓦も出土する。高麗王朝や中世北部九州地域および中国明代の制作技術の影響を受けた瓦であることからの名称である。写真の瓦は高麗系の瓦。下段の平瓦には、羽状の打捺文様にはさまれた四角い枠のなかに「癸酉年高麗瓦匠造」の刻銘が残されている。

からの使者を迎えたことをきっかけに両国間の交易がはじまった。それ以来、琉球と朝鮮との交易は百十数年にわたってつづけられ、交易回数は三七回を数えた。

その考古学的な物証として早くから注目されていたのが「癸酉年高麗瓦《みずのととりどしこうらいかわら》匠造」の逆スタンプ銘のある高麗系瓦である（図19）。

高麗系瓦の出土は現在、首里城跡や浦添城跡をはじめ沖縄島北部から南部、久米島や宮古島までの五六カ所のグスクや遺跡で確認されている。しかし、明らかに屋根に葺かれていた状況で大量に発見される遺跡は、現在のところ首里城跡と浦添城跡の二つのグスクに限られている。

そのほかに高麗青磁《せいじ》とよばれる象嵌《ぞうがん》青磁も朝鮮半島との交渉を示す文物として知られている。高麗青磁の発見はこれまで首里城跡をはじめとして県内十数カ所の遺跡で出土し、時期的には高麗末から李朝におよび、一六世紀以降の遺物についての報告例は知らない。

貿易陶磁器

大交易時代の痕跡を遺物からたどってみよう。グスクからは貿易陶磁器が数多く出土する。その種類や器種は青磁碗、青磁皿、青磁盤《ばん》、白磁《はくじ》碗や白磁皿、陶器の壺や甕、天目茶碗《てんもくちゃわん》などで、その多くが中国で生産されたものである。時期は一四〜一五世紀に属するものがもっとも多い。これらの考古学的資料は、琉球の大交易時代を如実に映す鏡となる。

沖縄出土の貿易陶磁器を概観すると、一二、一三世紀の陶磁器、一四、一五世紀の陶磁器、一六、一七世紀の陶磁器と、時代的にみても質や量、器種構成などに大きな特徴があり、また貿易陶磁器の内容においても時代を追って大きく変化していくことがわかる。

たとえば一一世紀末から一二世紀代には陶磁器の出土量は少なく、一二世紀後半から一三世紀には、龍泉窯系《りゅうせんよう》や同安窯系《どうあんよう》の青磁が登場してくる。さらに一二、一三世紀の出土品のほとんどが碗と皿に限られていたのが、一四、一五世紀になると碗と皿のほかに青磁の大型盤、酒会壺、香炉、花生《はないけ》、水注、青花《せいか》の合子《ごうす》、青花の花生、青花の壺などが加わり華やかさを増していく。なかでも、首里城跡や勝連城跡、今帰仁《なきじん》城跡などから多量に発掘される元青花は、逸品として全国的にも注目されている（図20）。元青花とは元時代に景徳鎮の窯で焼かれた白地に青で絵付けされた磁器のことである。

また、一四、一五世紀には中国の焼物以外にも日本の備前焼、朝鮮、ベトナム、タイなどの陶磁器も数多く出土する。そのなかにはタイ国王から琉球国王への礼物として、琉球王国の外交文書をまとめた『歴代宝案《れきだいほうあん》』に記録されている香花酒の容器だったのではないかといわれるタイ産の大型褐釉四耳壺《かつゆうしじこ》と半練《はんねら》（土器）の蓋なども含まれるな

図20●首里城・京の内跡出土の「青花八宝文大合子」
この青花の大合子は蓋、中蓋、身の三つの部位で構成されている。蓋には人物、松、唐草文を描き、中蓋は板状の仕切りで五つに分割され、サイズは最大直径29㎝、高さ2.9㎝。身の外面には菊唐草文を施し、胴下部に段差を設けてラマ式蓮弁と垂下文を描いている。この種の大型元青花合子は首里城でしかみることのできない逸品である。

ど（図50参照）、この時期における大交易時代の繁栄ぶりがわかる。

貿易の対価として使用される中国の銭貨が数多く発見されることもこの時代の特徴の一つである（図21）。こうした銭貨は貿易陶磁器などの外来品を手に入れるため必要だったのであろう。

4　グスク時代の発展

この時代の沖縄社会の特徴は第一に、飛躍的に農業が発展したことである。石灰岩台地における畑作の拡大と同時に農作業における牛馬の使用は、鉄製農具の普及と相まって、水はけが悪く水分を含むと粘土のようになるジャーガル土壌のひろがる沖積平野の開発を急速に進展せしめた。グスク時代になってジャーガル土壌地帯がひろがる南部の東風平、大里、佐敷《さしき》、中部の西原、中城一帯に遺跡が多く分布するようになるのはそのためである。

第二には、鉄器生産が波及していったことである。金工技能集団が存在していたとする研究

図21●首里城跡出土の中国銭
グスク時代における貿易の活発な動きは銭貨にもみられ、当時のいろいろな遺跡から多数の銭貨が出土する。宋、元、明代に鋳造された中国銭が多く使われ、三十数種類の銭貨が出土している。また琉球でも独自の銭貨がつくられていたようであり、「大世通宝」「世高通宝」「金圓通宝」といった銘の銭貨も出土している。首里城跡からは無文銭を鋳造する際に使われた遺物が出土し注目されている。

もある。ひところ沖縄の歴史の後進性が説かれ、その原因をもっぱら鉄器使用の遅れに求めていたことがあった。しかし、近年の研究では、沖縄における鉄器の伝来は貝塚時代後期という古い段階までさかのぼることが明らかになった。

グスク時代になると、農具をはじめとして武器や武具の類、斧、ヤリガンナ、錐などの石工・木工用具の類、釣針やモリ、ヤスなどの漁具の類、あるいは建物の釘や金具類、はたまた化粧道具の一つである毛抜き等々、一度使えば消耗・消失してしまう消耗品にいたるまで鉄器化が進んでいたことが明らかになった。グスクからはこうした石工用の斧や木工用の斧やヤリガンナが発見される。

生産用具としての遺物には鎌、鍬、釣針、漁のための土錘、紡錘車などがあるが、グスクではこうした遺物も発見されるので、グスクに住む人のなかには農や漁に出る人たちがいたことも暗示している。

建物普請に関係する遺物としては、鉄釘、飾金具、

図22 ● 首里城跡出土の鉄製品
グスク時代になると鉄を使った道具が普及し、消耗品などにも多くの鉄製品が使われた。首里城正殿跡の発掘調査では、写真のような建築関係の鉄製品や調度品などに使われる金具類なども数多く出土した。

釘隠しなどが発見されている。とくに鉄釘については、ほとんどのグスクから発見され、形や大きさも多種多様で用途に応じてさまざまな使われ方をしていたことがわかる（図22）。これらの鉄製品を生産し、営繕のためにグスク内やグスクの近くに鍛冶がおかれていたことも、しばしばグスクやその周辺の遺跡から鞴《ふいご》の羽口《はぐち》や鉄滓《てっさい》などが発見されることで知ることができる。

浦添城跡の出土遺物を検討した久保智康は、グスク時代に金工技能集団の存在を確認し、「古琉球の早い時代に、日本からの製品・技術をひな型として、高度な工芸品製作が行われたことはほぼ間違いない」と語っている。

5　三山分立から統一へ

「世の主」の誕生

グスク時代の最盛期は、日本列島では鎌倉幕府が滅びて足利尊氏が室町幕府を開き権力をにぎった一四世紀中ごろである。

この時代の琉球は、すでにみてきたように、農業と東アジア諸国との貿易で得た富を基盤に按司が出現し、互いに貿易の利権や支配領域の拡大をめぐって争った国家胎動期でもあった。当時の琉球は国家統一へと歴史の歯車が動きはじめた時期であり、対外的には東アジア社会の大きなうねりのなかに身をゆだねる激動期であった。

こうした状況のなか沖縄各地で築かれていったのがグスクである。各地の按司たちが領民支

POST CARD

恐れいりますが
切手をお貼り
ください

113-0033

東京都文京区本郷
2 - 5 -12
新泉社

読者カード係 行

ふりがな		年齢	歳
お名前		性別	女 ・ 男
		職業	
ご住所	〒 都道府県 区市郡		
お電話番号	― ―		

◉アンケートにご協力ください

・ご購入書籍名

・本書を何でお知りになりましたか

□書　店　□知人からの紹介　□その他（　）

□広告・書評（新聞・雑誌名：　）

・本書のご購入先　□書　店　□インターネット　□その他

（書店名等：　）

・本書の感想をお聞かせください

＊ご協力ありがとうございました。このカードの情報は出版企画の参考資料、また小社からの新刊案内等の目的以外には一切使用いたしません。

◉ご注文書（小社より直送する場合は送料1回290円がかかります）

書　名	冊　数

配を貫徹していく手段としてグスクを築く一方で、領民たちもまたグスクを築くことがあった。たとえば、海からは貿易のため外来者の集団も頻繁にやって来たであろうし、あるいは、農業の発達にともなって起こる水争いや土地の境界争いでおこる内部抗争もあったはずだ。

そうした緊急時に自分たちの生命や財産を守るために築かれたグスクもあった。グスクはいわば琉球社会が統一国家を誕生させていく時代の緊張した社会のなかであらわれた歴史的な記念物であり、軍事施設としての機能を貫徹する防備と自衛の拠点であった。実際、各地のグスクからは武器として鉄鏃《てつぞく》が多く出土している。刀類の鍔《つば》や切羽《せっぱ》なども出土する。武具には鉄製の小札《こざね》や鍍金された鞐《こはぜ》、飾留具など鎧《よろい》に付属するものがある（図23）。

日本・中国などとの海外貿易の富を背景に、

図23 ● 首里城跡出土の武具類
甲冑に付属する金具類が首里城跡、今帰仁城跡、勝連城跡、玉城城跡、浦添城跡などから出土した。とくに首里城正殿跡や京の内跡では復元が可能な兜も出土している。彫金や意匠などに琉球の独自性もみられるという。写真の上段は兜鉢の鍬形、中段は八双金物と小札など、下段は小札と鎖帷子。

グスクを築き、武力をたくわえた按司たちは、互いに抗争をくり返し、やがて力のある按司が弱い按司たちを支配するようになり、「世の主《ぬし》」とよばれるようになる。

三山分立の時代

一四世紀ごろになると、それまで按司が支配し小さな国々に分かれていた琉球は三つの国にまとまっていった。今帰仁城を居城とする北山、最初は浦添城ついで首里城を居城とした中山、島添・島尻大里城を居城とした南山の三大政治勢力がそれである。

琉球史ではこの時代を三山分立時代といっている。この有力な按司たちは、一三七〇年代から八〇年代にかけて、先にみたように、中国明の皇帝にそれぞれ貢ぎ物をおくって貿易をするようになる。そして中国皇帝から山北王、中山王、山南《さんなん》王の王号をおくられている。

やがて山南の領域であった南部東海岸の佐敷からおこった尚巴志が、中山の武寧を討って中山王となる。そして、一四一六年に、山北王攀安知《はんあんち》が中山の尚巴志に攻め滅ぼされて以後、この地域も中山の支配下に入っていった。さらに一四二九年には山南王である他魯毎《たるみ》が滅ぼされたことで、統一王権に組み込まれていった。

一方、北の奄美諸島や南の八重山諸島では情況が異なっていた。北の奄美諸島は一五世紀半ばごろになってはじめて琉球王権の勢力下に入ったとされるし、南の八重山諸島ではさらに遅れ、第二尚氏尚真王代になってはじめて支配権がおよぶようになる。こうして北は奄美諸島から南は宮古・八重山諸島を含めた琉球列島全域が政治的領域として統一されていくのである。

このような歴史的経緯をへて誕生したのが琉球王国であり、王の居城が首里城であった。

浦添城から首里城へ

琉球の王城はもと、首里城の北三キロにある浦添城だったといわれている（**図24**）。沖縄学の父伊波普猷《いはふゆう》は「浦添考」のなかで首里城遷都以前の王城が浦添城だったことを論証している。

なぜ王城を浦添城から首里城に移さなければならなかったのか。それは王城にふさわしい地形かどうかということが大きな要因だっ

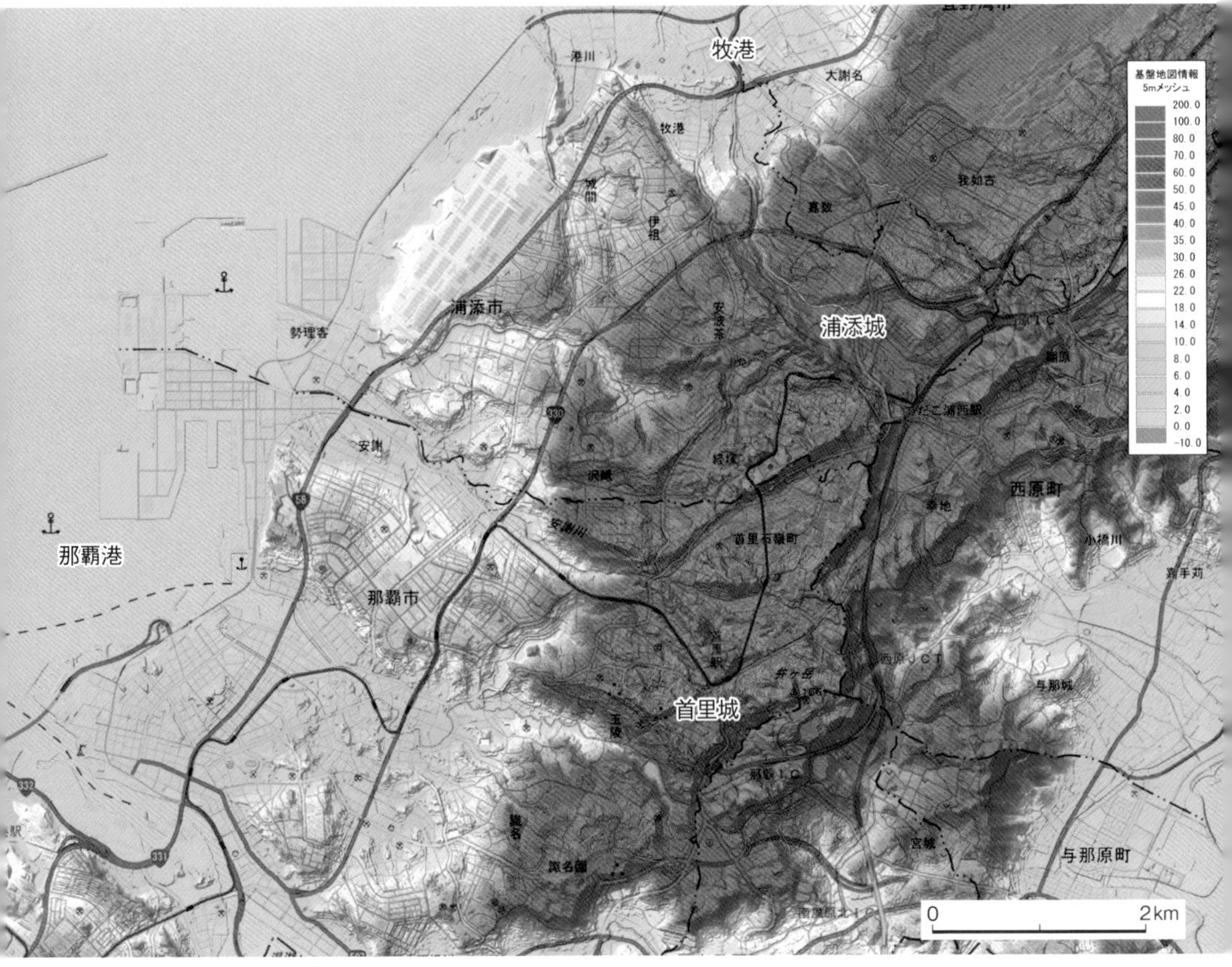

図24 ● 首里城周辺の地形段彩図
地形をみると、浦添城は城地が狭隘で、防御ラインに乏しいのにたいして、首里城は城地がひろく、周囲を川や谷、崖地でかこまれている。また、浦添城が首里城の北の防御ラインとしての役割を担っていたことがわかる。

たと思われる。浦添城が立地している周辺の地形をみるとそのちがいがはっきりする。

浦添城には北から侵入してくる敵にたいして防御ラインとなる山などの障壁がない。また、城が立地している台地もそう広くないし、城外に目を転じても首里の地域にくらべ天険にめぐまれていない。当時の港は、現在の牧港《まきみなと》付近の入江だったと考えられているが、その港を那覇港と比較しても狭隘であり、しかも珊瑚礁が発達する浅瀬になっている。

したがって、琉球王国が海洋国家として発展していくには、首里城のほうが浦添城よりはるかに優れていたのであろう。かくして、王城は浦添から首里に遷都したのである。

しかし、だからといって浦添城が役立たずの城ということではない。北から侵入してくる敵にたいし首里城の安全を確保するには、浦添城の防御が大きな要となることは、地図をひろげてみれば容易に理解できよう。事実、このことは去る沖縄戦で証明されたのである。旧日本軍は沖縄戦末期、首里城の地下深く掘られた第三二軍司令部を守備するため浦添城の立地する丘陵地一帯を前線基地にして総力をあげて防衛した。やがて、そこが陥落すると首里の司令部はひとたまりもなかったのである。そのことからもわかるように、浦添城は首里城の北の防御ライン、境目の城として重要な城だったのである。

王城が浦添から首里に移っていったのはいつごろであろうか。いまのところ王城の首里遷都の年代についてははっきりしないが、つぎの二説が有力視されている。

その一つは察度王遷都説である。琉球王国の正史『球陽《きゅうよう》』に察度王の四三年（一三九二）「数丈の高楼を建造して似て遊観に備ふ」という記録があることから、この高楼が首里城内に

坂　靖
ヤマト王権の古代学
ヤマト王権とは何か。

縄文ムラの原風景

海上他界のコスモロジー
大寺山洞穴の舟葬墓

東京下町の前方後円墳
柴又八幡神社古墳
谷口　榮

シリーズ「遺跡を学ぶ」第1ステージ〈100巻+別冊4〉完結！

A5判96頁・オールカラー／各1500円+税

◆第Ⅰ期［全31冊］

セット函入46500円+税

01 北辺の海の民 モヨロ貝塚 米村 衛
02 天下布武の城 安土城 木戸雅寿
03 古墳時代の地域社会復元 三ツ寺Ⅰ遺跡 若狭 徹
04 原始集落を掘る 尖石遺跡 勅使河原彰
05 世界をリードした磁器窯 肥前窯 大橋康二
06 五千年におよぶムラ 平出遺跡 小林康男
07 豊饒の海の縄文文化 曽畑貝塚 木﨑康弘
08 未盗掘石室の発見 雪野山古墳 佐々木憲一
09 氷河期を生き抜いた狩人 矢出川遺跡 堤 隆
10 描かれた黄泉の世界 王塚古墳 柳沢一男
11 江戸のミクロコスモス 加賀藩江戸屋敷 追川吉生
12 北の黒曜石の道 白滝遺跡群 木村英明
13 古代祭祀とシルクロードの終着地 沖ノ島 弓場紀知
14 黒潮を渡った黒曜石 見高段間遺跡 池谷信之
15 縄文のイエとムラの風景 御所野遺跡 高田和徳
16 鉄剣銘一一五文字の謎に迫る 埼玉古墳群 高橋一夫
17 石にこめた縄文人の祈り 大湯環状列石 秋元信夫
18 土器製塩の島 喜兵衛島製塩遺跡と古墳 近藤義郎
19 縄文の社会構造をのぞく 姥山貝塚 堀越正行
20 大仏造立の都 紫香楽宮 小笠原好彦
21 律令国家の対蝦夷政策 相馬の製鉄遺跡群 飯村 均
22 筑紫政権からヤマト政権へ 豊前石塚山古墳 長嶺正秀
23 弥生実年代と都市論のゆくえ 池上曽根遺跡 秋山浩三
24 最古の王墓 吉武高木遺跡 常松幹雄
25 石槍革命 八風山遺跡群 須藤隆司
26 大和葛城の大古墳群 馬見古墳群 河上邦彦
27 南九州に栄えた縄文文化 上野原遺跡 新東晃一
28 泉北丘陵に広がる須恵器窯 陶邑遺跡群 中村 浩
29 東北古墳研究の原点 会津大塚山古墳 辻 秀人
30 赤城山麓の三万年前のムラ 下触牛伏遺跡 小菅将夫
別冊1 黒耀石の原産地を探る 鷹山遺跡群 黒耀石体験ミュージアム

◆第Ⅱ期［全20冊］

セット函入30000円+税

31 日本考古学の原点 大森貝塚 加藤 緑
32 斑鳩に眠る二人の貴公子 藤ノ木古墳 前園実知雄
33 聖なる水の祀りと古代王権 天白磐座遺跡 辰巳和弘
34 吉備の弥生大首長墓 楯築弥生墳丘墓 福本 明

●第Ⅵ期 好評刊行中！

文化財保存全国協議会 編
文化財保存 70 年の歴史
明日への文化遺産
ISBN978-4-7877-1707-8

平城宮跡・池上曽根遺跡・伊場遺跡等々、戦後経済発展のもとで、破壊され消滅した遺跡、守り保存された遺跡の貴重な記録。戦後 70 年間に遺跡がたどってきた歴史を検証し、文化遺産のこれからを考える。
A5 判上製／ 392 頁／ 3800 円＋税

勅使河原 彰 著
縄文時代史
ISBN978-4-7877-1605-7

激変する自然環境のなかで、縄文人はどのように自然と折り合いをつけて独自の縄文文化を築き上げたのか。最新の発掘と科学研究の成果をとりいれて、縄文時代のはじまりから終焉までを描く。図版・写真多数収録。
四六判上製／ 336 頁／ 2800 円＋税

井口直司 著
縄文土器ガイドブック
縄文土器の世界
ISBN978-4-7877-1214-1

私たちの心の奥底をゆさぶる縄文土器の造形。しかし、博物館や解説書で「○○式」「△△文」といった暗号のような説明を読むと、熱がさめていく。考古学による土器の見方、縄文時代のとらえ方をじっくり解説。
A5 判／ 200 頁／ 2200 円＋税

三上徹也 著
縄文土偶ガイドブック
縄文土偶の世界
ISBN978-4-7877-1316-2

土偶の姿はあまりにも多様。国宝に指定された素晴らしい土偶があるかと思えば、粗末な作りでバラバラに壊れ破片となったものもたくさんある。縄文人は何のために土偶を作り、どのように用いていたのだろうか。
A5 判／ 212 頁／ 2200 円＋税

小林謙一・工藤雄一郎・国立歴史民俗博物館 編
増補 **縄文はいつから!?**
地球環境の変動と縄文文化
ISBN978-4-7877-1213-4

10 万年に一度の気候大変動のなかで、ヒトは土器を発明し、弓矢をもち、定住をはじめた。縄文時代の幕があがる。今につづく生活様式の基盤、縄文文化のはじまりを問う、歴博で行われたシンポジウムを書籍化。
A5 判／ 260 頁／ 2400 円＋税

工藤雄一郎 著
旧石器・縄文時代の環境文化史
高精度放射性炭素年代測定と考古学
ISBN978-4-7877-1203-5

最終氷期から後氷期にかけて、旧石器時代人、縄文時代人はどのように生きてきたのか。最新の放射性炭素年代測定の成果を通じ、その変化を読み解く。列島各地の縄文土器の年代測定値などデータを豊富に収録。
B5 判上製／ 376 頁／ 9000 円＋税

工藤雄一郎・国立歴史民俗博物館 編
ここまでわかった！
縄文人の植物利用
ISBN978-4-7877-1317-9

マメ類を栽培し、クリやウルシ林を育てる…狩猟採集生活をおくっていたとされる縄文人が、想像以上に植物の生育環境に積極的に働きかけ、貴重な資源を管理していたことがわかってきた。カラー写真・図版で解説。
A5 判／ 228 頁／ 2500 円＋税

工藤雄一郎・国立歴史民俗博物館 編
さらにわかった！
縄文人の植物利用
ISBN978-4-7877-1702-3

好評「縄文人の植物利用」第 2 弾。鳥浜貝塚の縄文時代草創期～前期の資料の調査からわかってきた植物利用の初源の姿を紹介し、東名遺跡などで大量に出土した「カゴ」から、縄文人のカゴ作りを解明する。
A5 判／ 216 頁／ 2500 円＋税

辰巳和弘 著
他界へ翔る船
「黄泉の国」の考古学
ISBN978-4-7877-1102-1

船形をした木棺や埴輪、墓室に描かれた船画、円筒埴輪に刻まれた船……船は霊魂を黄泉の国へといざなう。人々は魂の行方をどこに求めたのか。考古学が傍観してきた「こころ」を探り、古代人の他界観を追究する。
A5 判上製／ 352 頁／ 3500 円＋税

辰巳和弘 著
古代をみる眼
考古学が語る日本文化の深層
ISBN 978-4-7877-1416-9

「古墳、水辺、坂（峠）、巨樹、山嶺など、列島の先人たちが他界との接点、あるいは境界領域をいかに捉え、いかに働きかけたかを思考する試みです。古代的心意の探求におつきあいください。」（まえがきより）
A5 判／ 240 頁／ 2000 円＋税

あった建物だったという考え方である。他方は尚巴志王遷都説である。琉球最古の金石文である「安国山樹華木之記碑」（宣徳二年、一四二七）に、尚巴志が王城外に池（龍潭《りゅうたん》）を掘って安国山を築き、草木や華木を植えて城域を整備したという記録があり、そのころにはすでに首里城が創建されていたという見方である。

考古学の発掘成果によれば、一四世紀前半にはすでにグスクとしての首里城ができていたようであるが、その時期にはたして王城としての機能を発揮していたかどうかは考古学の成果だけではわからない。ただ、浦添城が王城だった時期に、首里の地にもグスクがあったことは確実になった。発掘調査の成果については後述するが、これまでの文献による研究によれば、尚巴志王の代には、首里城は王城として確立していたことはまず疑う余地はないであろう。

第一尚王統・第二尚王統と内乱

尚巴志は王権を樹立するや父思紹《ししょう》を初代の王とし、以後、尚巴志―尚忠《しょうちゅう》―尚思達《したつ》―尚金福《きんぷく》―尚泰久《たいきゅう》―尚徳《とく》とつづく。この間、遠く奄美諸島までもしたがえ、強大にみえた王統だったが、内部抗争にゆれ、わずか一〇年余のあいだに三代にわたって王位が交替した。ついに一四五三年、第五代目の王尚金福が死去すると、内紛が顕在化した。すなわち王世子《せいし》の志魯《しろ》と叔父布里《ふり》が王位継承をめぐって争ったのである。その争いで両者は戦死し首里城も燃え落ちた。

その後、尚巴志の子で沖縄島中部越来《ごえく》グスク（現在の沖縄市越来に所在）の按司だった尚泰久が王位にのぼった。しかし、その四年後の一四五八年には、尚泰久の義父中城城主の護佐丸と娘婿である勝連城主阿麻和利が互いに覇権を争い、まもなく両者とも尚泰久の軍門に下る。

このように尚巴志王統は内部抗争にゆれ、一四六九年、家臣の内間《うちま》金丸《かなまる》によって滅ぼされてしまう。思紹からかぞえて七代六四年の短い王統であった。尚巴志が三山を統一して打ちたてた王統を、後の尚円王《えんおう》（内間金丸）を始祖とする王統と区別するために第一尚氏とよぶ。

第二尚氏の三、四代目の尚真・尚清《せい》王のころには王権は安定し、とくに尚真王（在位一四七七～一五二六年、**図25**）の代になると、各地にグスクを構えて割拠していた按司を首里城下に集住させ、いっさいの武器をとり上げて使用を禁じ、身分制・位階制を定めて、中央集権体制を確立し、琉球王国を興隆させたといわれる。首里の町が首里城の「城下町」として発展するのは、この尚真王による中央集権化政策以後のことであった。尚円王を祖とするこの第二尚氏王統は、一六〇九年に九州の島津氏の侵攻をうけることになるが、独自の「王国」をつくりあげ、明治政府によって解体される

図25● 尚真王の御後絵（鎌倉芳太郎撮影）
尚真王は第二尚氏王統第3代目の王（在位1477～1526年）。13歳で王位につき在位50年の間に中央集権の体制を築きあげ、琉球王国の基礎を打ち立てたといわれている。死後に描かれた国王の肖像画のことを御後絵（うぐい）といい、国王を中心に大きく描き、従者をその左右に小さく配置するという独特な表現方法で描かれた。

一八七九年（明治一二）まで、一九代、四〇〇年あまりつづくことになる。

島津氏侵攻後の琉球王国

島津氏侵攻後、その支配下におかれた琉球は、まず検地によって石高《こくだか》が把握され、島津氏への上納が決定した。そして琉球が守るべきものとして「掟十五条」など諸布達がいいわたされ、島津氏による琉球の統治方針が示された。

島津氏にかかわる祝いごとや不幸なできごとのたびに特使を派遣することを強いられる一方、徳川幕府にたいしては将軍が即位するときには慶賀使を、琉球国王が即位するときには謝恩使を江戸に送ることを強制された。また、徳川幕府の鎖国令、キリシタン禁令も導入されるなど、幕藩体制にとり込まれ新たな時代への対応を余儀なくされた。このような島津氏による支配は明治をむかえるまでつづけられた。

図26●復元された首里城の玉座

首里城正殿の1、2階には、御差床（うさすか）とよばれる国王の御座所、つまり玉座が部屋の中央に設けられ、2階の御差床には中国清朝の康熙帝からおくられた御書（ぎょしょ）「中山世土（ちゅうざんせいど）」の扁額などが掲げられていた。清朝では、外国への御書の頒賜は、康熙帝の御書が最初の例だとされる。以後、琉球国は歴代皇帝の御書が授けられたという。沖縄戦ですべて焼失し、平成の復元でよみがえったのが写真の玉座である。2019年10月31日の火災で焼失した。

第3章　琉球王国の象徴・首里城

1　首里城を鳥瞰する

首里城の立地

首里城は、第一尚氏・第二尚氏の政権の所在地として琉球全土に君臨していた城であり、県下三〇〇～四〇〇カ所のグスクのなかでもっとも規模が大きく、正殿を中心にいくつもの施設をもつ王城にふさわしい構えをもっていた。そして首里の町とともに大いに栄え、きらびやかな王朝文化のシンボルとされていた。

王都として栄えた首里の都は、標高一〇〇メートルほどの隆起珊瑚礁の上に形成されている。石灰岩の丘陵や深い谷・川などにかこまれ、王都にふさわしい地形にめぐまれている。首里城は、そのなかでもひときわ高いところに築かれている（図27）。

北は末吉《すえよし》の山を背後に控え、西森《にしむい》から虎頭山《とらずやま》、弁ケ嶽《べんがだけ》に至る丘陵によって、南は金城川《かなぐすくがわ》が流れる凹線により、東はナゲーラ、西は真《ま》嘉比川《かびがわ》で他地域と隔絶されている。周辺の地域にくらべて標高の高いところに位置していることから、地形的にみても起伏が激しく坂道が多いところとなっている。地内の最高所は、弁ケ嶽で標高一六六メートル。つぎに首里城跡内の一三五メートルとつづく。地質的には島尻層と総称される泥岩や砂岩を基盤とし、その上を琉球石灰岩が覆って複雑な谷が発達している。そのため急崖を形成しているところが多い。

　首里城は四方が石灰岩の丘陵部や深い谷などの自然の障壁でかこまれた首里台地の南縁部に位置し、天然の要害に築かれた「所堅固の城」であることがよくわかる。さらに城の足もとに大きく開かれた天然の良港となる那覇・泊の港が控えていることも、海洋国家の王城が立地する場所として

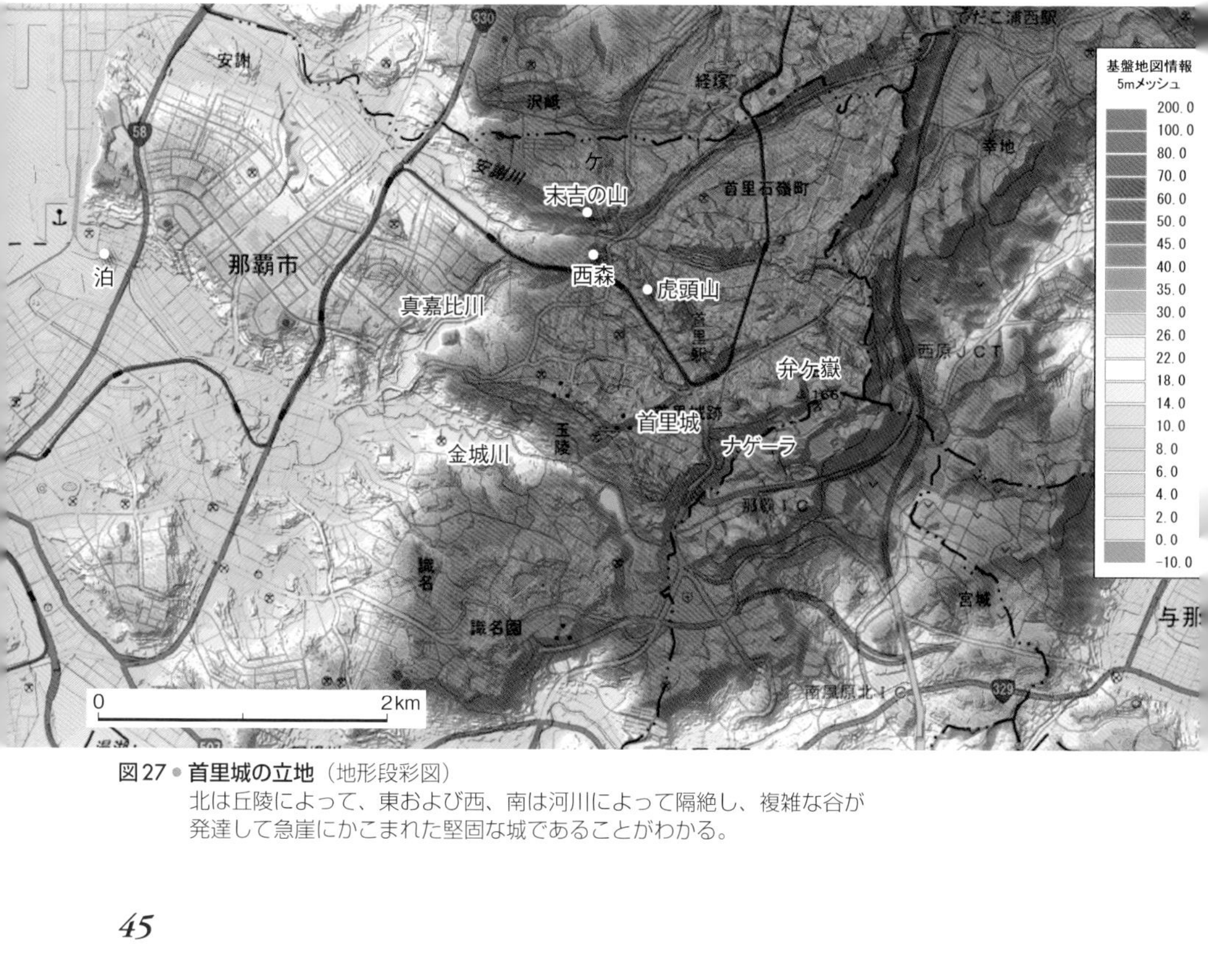

図27 ● 首里城の立地（地形段彩図）
北は丘陵によって、東および西、南は河川によって隔絶し、複雑な谷が発達して急崖にかこまれた堅固な城であることがわかる。

好条件であった。

　当時の琉球は、海外交易の興隆期を迎え良港の確保は必須の条件であった。まさにそうしたあるべき場所に王城としての首里城は立地しているのである。

最大規模のグスク

　首里城の城域は、東西約四〇〇メートル、南北約二七〇メートル、面積四万二〇〇〇平方メートルで、城の構造や広さのうえでも最大規模のグスクである。**図28**は世界遺産に登録された各グスクの規模を比較したものである。首里城の城域がいかに

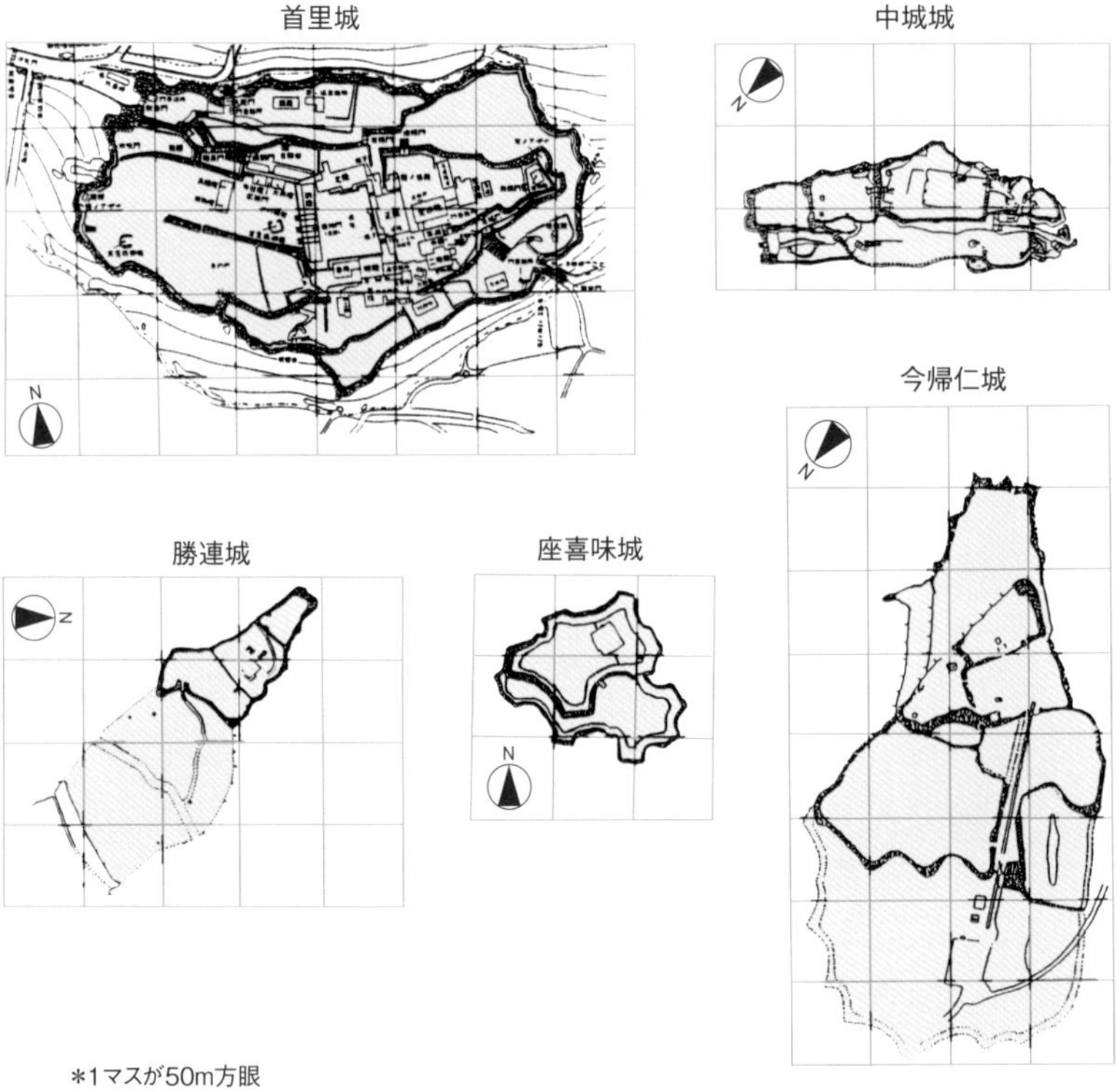

＊1マスが50m方眼

図28 ● グスクの縄張り比較
色をつけてあるのは城の主要部分。座喜味城の規模が小さいのは、このグスクが北山勢力にたいする中山勢力の一時的な砦だったため。このように面積や規模の単純比較でグスクの新旧や権力格差を判断できないが、他の4つのグスクはいずれも本城であり、権力格差の判断が可能であろう。

ひろいかがわかる。

首里城の全体的な縄張りは、自然の地形を巧みにとり込んだ不規則なもので曲線的になっている（図29）。

曲輪の構造を観察すると、瑞泉門《ずいせんもん》から漏刻門《ろうこくもん》をへて右掖門《うえきもん》になり淑《しゅく》順門《じゅんもん》から東のアザナをまわって美《び》福門《ふくもん》をつなぐ石塁の内部である内郭と、西北から南東にかけて築かれた歓会門、久慶門、継世門《けいせいもん》をつなぐ外側の石塁により区画される外郭によって構成されている。

内郭は、ほぼ楕円形状に近いかたちをしていて、城の主要な施設はこの内郭に集中する。外郭には銭蔵や佐敷殿など若干の施設があるだけで、たんなる塁線によって区画される空間部にしかすぎない。この外郭は、

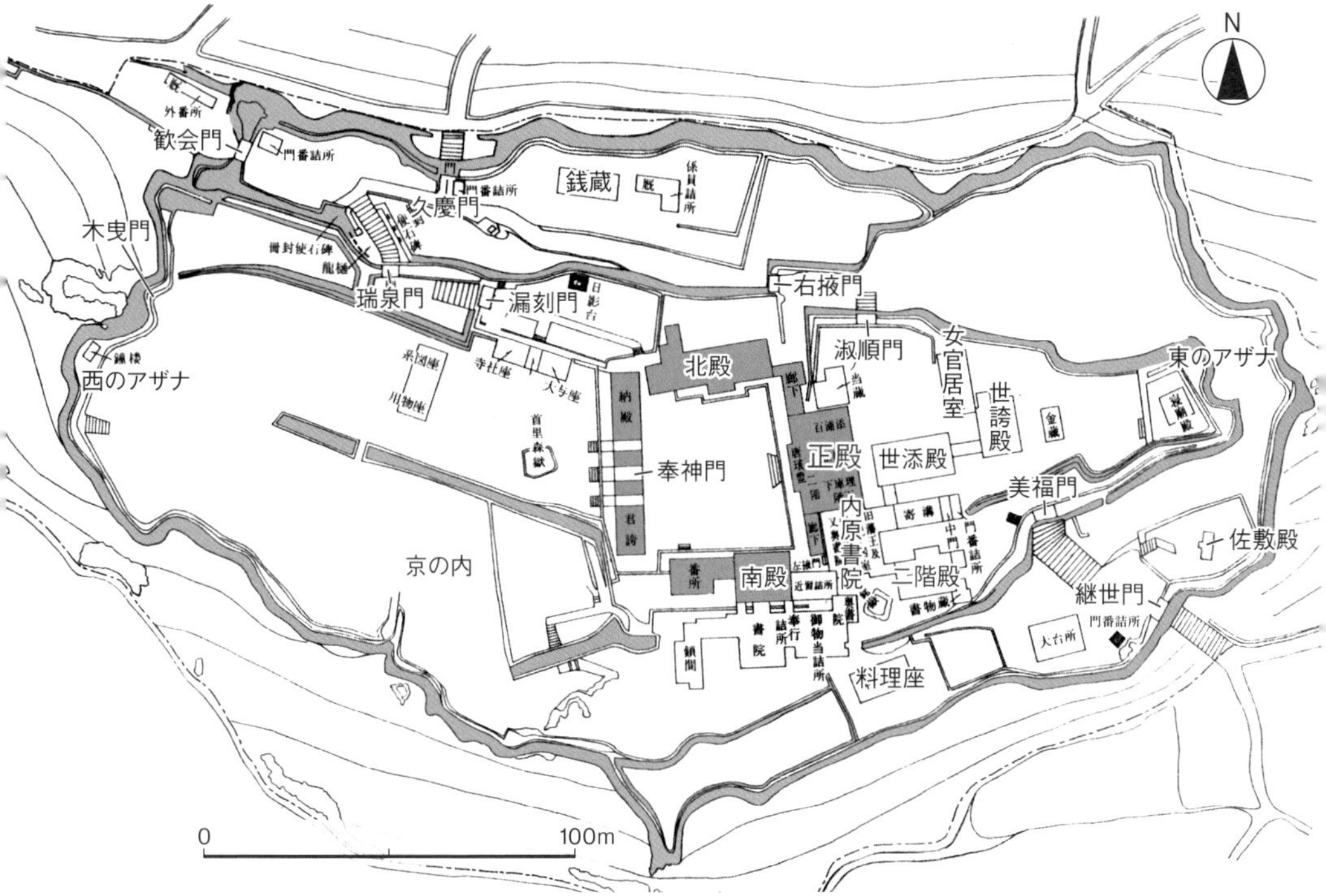

図29 ● 首里城の縄張り

首里城の図はこれまでいくつかの機関やいく人かの手によって描かれ、時代の異なる図が世に出ている。この図は「旧首里城殿舎復元配置図」として田辺泰著『琉球建築』（座右宝刊行会）に掲載されたものをベースにしている。

記録によれば第二尚氏の尚真から尚清王の代に築かれたといわれている。しかし、発掘調査による成果では再考をせまられている。

北の寺院と池

首里城は日本の近世城郭のように周囲が堀でかこまれているわけではない。首里城が立地しているところは琉球石灰岩が発達していて急崖が多く、自然の要害を形成しているところが多い。したがって、城を防御するためわざわざ堀を周辺にめぐらす必要はなかったのである。

しかし、城の北東から北西方面にかけては傾斜が緩やかで要害性に乏しく、首里城にとって防御上の弱点となる地域である。そこにはそうした地形的弱点をカバーするためであろうか、寺院と池が配置されていた。たとえば、首里城の北から北東にかけては尚真王代に創建された円覚寺、その北隣に興禅寺、円覚寺の東には健

図30●龍潭と首里城の建物群（世持橋〔よもちばし〕から撮影）
首里城は世持橋からの眺めがもっともよかったといわれている。世持橋は、龍潭の排水路に架かる琉球石灰岩のアーチ橋で、沖縄戦で手摺にあたる「勾欄羽目」など一部を残して散逸したが橋体は残存し、戦後、残存部分に石造のアーチ橋が継ぎ足された。残存する「勾欄羽目」は現在、沖縄県立博物館・美術館に保管されている（沖縄県指定有形文化財〔彫刻〕）。

善寺があって廣徳寺と道をはさんで南北相対した。また周辺には天王寺や慈恩寺などの寺院もあったとされている。

こうした寺院に隣接して蓮小堀《りんぐむい》という池が掘られていた。さらに首里城北西側にかけては久慶門の下に円鑑池《えんかんち》、それに続いて北西に龍潭があった（図30）。この両池について沖縄県出身の城郭研究家伊禮正雄氏は、明らかに堀の役目をしていると述べ、龍潭を掘った土を盛りあげ山としたハンタン山についても捨て曲輪《くるわ》の機能をもつとの見解を示している。捨て曲輪とは有事の際、敵兵を誘い込んで攪乱することのできる曲輪のことである。

門と城壁

外郭には、歓会門、久慶門、木曳門《こびきもん》、継世門の四つの門が開いていた。そのうち木曳門だけは、城内で工事があるときだけに開けられ、ふ

図31 ● 復元された歓会門
首里城外郭の大手の城門。俗に「あまへ御門（うじょう）」と称する。門口の間口は2.9ｍで、石造拱門に木造平屋・本瓦葺き入母屋造りの櫓をのせた形式。櫓には「歓会門」の扁額がかかり、門の前面左右に石獅子一対が配されている。1933年（昭和8）国宝指定。沖縄戦で破壊されたが、1975年復元。両脇の石垣から相横矢が効く構造になっている。

だんは石が積まれ固く閉ざされていた。

内郭には、瑞泉門、漏刻門、広福門《こうふくもん》、右掖門、左掖門《さえきもん》、淑順門、美福門、白銀門《はくぎんもん》、そして正殿のある御庭へ正面から入る門、奉神門《ほうしんもん》（図58参照）の九つの門があった。

奉神門以外の門を連ねる石垣（城壁）は、琉球石灰岩の切石を高さ六〜一二メートルほどに高く積み上げていた。外郭の門はどれもアーチ状につくった拱門《きょうもん》で、その上に木造の櫓《やぐら》をのせていた（図31）。内郭の門の場合は白銀門を除き石造りのアーチはなく、石垣に木造の櫓を架してあるだけであった。

櫓は敵兵の見張りや、城に侵入してくる寄せ手にたいして矢を射かけるところであるが、石造の拱門が外郭だけに架けられたのは、敵から攻められたときに城門が火などで焼け落ちないように外側の門だけ頑丈にしたと思われる。

石造のアーチ門は中国大陸から学んだ技術であるが、それらを城門にとり入れて、城郭建築に利用して発展させたのは、その当時の琉球の人びとの知恵の結晶であった。

城壁のラインと枡形虎口

首里城の大手門にあたる歓会門から左右にのびていく城壁をよく観察すると、城壁に多数の突起をもたせ、とくに門の部分だけを深く湾入させて石垣のラインがゆるやかな屏風形のカーブを描いていることがわかる。これは、城壁や城門に殺到する敵兵を横から攻撃するためであり側防を考慮しての考え方からである。

このような城門の構えは、中城城跡の大手門にもみられる。また、座喜味城跡の場合には、大手にあたる第一門の石造拱門の右側（東側）の城壁が緩やかにカーブを描いて南に大きく折れ、城門に殺到する敵兵に対して横矢を効かす構造である（図32）。

歓会門をくぐり城内へと進むと、行く手が二つに分かれる。右側に折れると瑞泉門、真っ直ぐ進むと右掖門に至り、さらに右に折れて淑順門へ、そこを登りつめると正殿の裏側に出る。

歓会門から右掖門にいたる久慶門の前には、寒川井戸という湧水を利用してつくられた井戸がある。この井戸の空間は、歓会門側から寒川井戸にむかってのびる石垣の塁

図32●中城城跡の大手門（上）と座喜味城跡の第一門（下）
両城の城門とも相横矢が効くつくりになっている。

線より奥まっているため死角となり城兵隠しの小曲輪の役割をもっている。いわゆる隠し曲輪ともよべる空間である（図33）。

また、広い意味でいえば歓会門と久慶門のあいだも長四角の空間をつくり武者溜の役割をはたすことができ、枡形《ますがた》虎口《こぐち》の形態をとっているのである。枡形というのは、城の出入り口である虎口を防御するために設けられた施設の一つで、土塁や石塁で四角に区画されているのでそうよばれる。

瑞泉門（図34）は、首里城の内郭の正門に相当する門で、「樋川御門《ひーじゃうじょう》」ともよばれている。門の右下にある泉、龍樋《りゅうひ》の呼称である「瑞泉」をとって命名された門である。この門をくぐってさらに漏刻門に至るが、この漏刻門と瑞泉門のあいだは、高い石垣によって四角に区画され枡の形になっている（図35）。つまり枡形虎口である。

歓会門から入って漏刻門にいたる短い区間でも、多くの石段と二つの枡形を通過しなければ

図33● 歓会門から右掖門にいたる空間
右手の門が久慶門。奥の歓会門をくぐり直進するコースを行くと、その中間に寒川井戸の武者だまり空間があり、不意討ちをくらうことになり危険。右折れして瑞泉門へのコースは階段を登らなければならず困難をきわめる。

内郭に入ることを許されなかった。首里城の城としての優秀性をここにみることができる。

図34 ● 復元された瑞泉門
首里城内郭の虎口。俗に「樋川御門（ひーじゃうじょう）」と称する。石階段の途中で右に降りると龍樋がある。その口から湧水が流れ出て「瑞泉」とよんでいる。その名が門の名称になった。門口の間口は2.8m、門口上部には石のアーチを設けず、両脇の石垣に木の梁を架け、木造平屋・本瓦葺き入母屋造りの櫓をのせた形式。

図35 ● 漏刻門と瑞泉門のあいだの枡形虎口
手前左の瑞泉門をくぐり左に曲がって十一段の石階段を上ると漏刻門があり、高い石垣で四角にかこまれた枡形になっている。櫓に漏刻（水時計）が設置され「漏刻」の扁額がかかっていたのでその名称がついた。どんなに身分の高い役人でもここで駕籠を降りたことから「かごいせ御門」ともよばれた。

城内の施設

城内のおもな施設は、内郭の東側半分に多く配置されている。内郭のほぼ中央には西向きの正殿が建ち、広い前庭部をはさんで北殿と南殿が向き合うようにある（図36）。北殿は中国皇帝の使者である冊封使《さくほうし》の接待所、南殿は薩摩役人の接待所であった。さらに南殿に隣あって、奉神門の両脇にもそれぞれ長屋ふうに建物がならんでいる。これらの建物はいずれも行政のための施設であった。

一方、正殿の東側から南側にかけては、世添殿《よそえでん》、世誇殿《よほこりでん》、内原書院《うちばらしょいん》、二階殿、女官居室、料理座など十数カ所の王家関係の施設があった。なお、世添殿や世誇殿などは、一九三四年（昭和九）ごろに建築史家の田辺泰《やすし》らが調査したときにはすでになくなっていたという。

図36 ● 復元された城内
正殿前の御庭をかこんで甍をならべる建物群。後方中央が正殿。手前左が奉神門。御庭の右手前が番所と南殿で、左側が北殿。御庭は正月元旦の「朝拝御儀式」や冊封の式典がおこなわれる首里城の中枢的、象徴的空間であった。

首里城と歴史の道

琉球王国時代、すべての道は首里城につながっていた。歴史の道ともよぶべき古い道は昔から人びとや文物の交流の舞台を演出したばかりでなく、地域文化の発展に寄与し、あるいは政治・経済・軍事的な役割などを担い、その地方や国の歴史を理解していくうえできわめて重要な意味をもっている。琉球王国の場合もその例にもれず、王国が発展していくうえで道のはたした役割は大きかった。

琉球王国誕生以前にはグスクとグスクをつなぐ道、グスクとムラをつなぐ道ができ、王国誕生後はその中枢であった首里城と各間切《まぎり》（現在の村）をつなぐ道、また各間切の番所（現在の役場）同士をつなぐ道が発達していった。琉球における道路網の整備については、永楽年間の尚巴志王のころにはすでに道里制や駅制がしかれていたといわれている。

経済学者で『南島経済史の研究』の著者山本弘文は、地域ごとの道路の建設や整備について、「すでに三山対立時代（一四世紀初頭～一五世紀初頭）、ないしそれ以前に始まったものと考えなければならないが、その統一と里制・駅制の整備が緒につくのは、やはり三山の統一時代と考えるのが妥当であろう。そして一五世紀後半以降の第二尚氏時代には、奄美や八重山の征服にともなって、海上を含む『すべての道』が『首里に通ずる』ことになったと考えることができる」と述べている。山本が述べるように、琉球における交通路の整備についてはすでにグスク時代にはじまり、第二尚氏の初期には公道網としての整備がほぼ完成したものと考えることができる。

沖縄県指定の文化財であり、現在観光客の人気スポットになっている「金城町の石畳道」は、一五二二年、尚真王の代につくられた真珠道《まだまみち》の一部である。この道は、当時東シナ海で猛威をふるっていた倭寇対策のためにつくられた軍事用道路であった。首里城を起点に南下して国場《こくば》川《がわ》を渡り、途中豊見城《とみぐすく》城を経由して那覇港の南岸に至る全長約一二キロの道程になっている。

沖縄戦で破壊されるまで首里城の守礼門脇に建っていた「真珠湊碑文《まだまみなとひもん》」（一五二二年建立）には、「この道路および橋は、一般の交通の利便に供するほか、国土の防衛のため王命により建設されたもので、いったんことあるさいには首里の一隊と南風原・島添大里・知念《ちねん》・佐敷の軍勢はこの真玉橋を渡って下島尻の軍勢と合流し、那覇港口南岸の垣花の地に勢揃いして外敵の侵入に備えた」と記されている。

国絵図や国中一統図には、首里城を中心にし

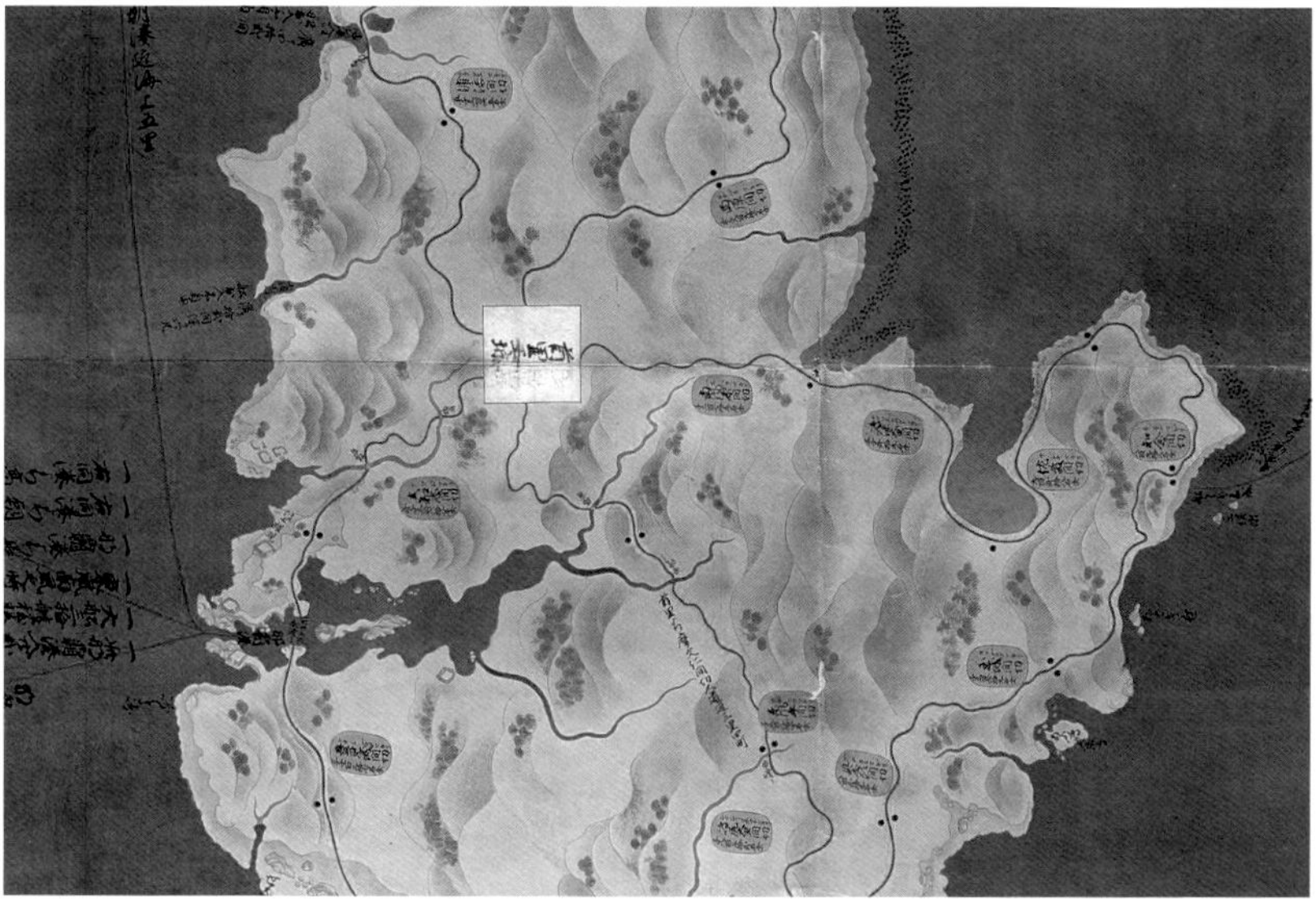

図37 ● 元禄国絵図に描かれた公道網
首里城を起点に5本の街道が琉球各地へとつながっていた。朱の線が道筋、道筋の両脇に記された黒の点は一里塚、楕円の枠内には各地の間切番所（現在の村や町の役場）が記されている。18世紀前半までには絵図に描かれているように、首里城から各地へと放射状の公道網が海上を含め整備された。

て放射状にのびる道のルートが描かれている。とくに元禄の国絵図（**図37**）には、首里城を起点に五つの道が枝わかれして東西南北の各間切に伸び、公道網の実体を知ることができる。首里城につながる道には、そのほかに首里城と中城城をつなぐ道、首里城と浦添城をつなぐ道があった。

2　伊東忠太・鎌倉芳太郎らの調査

首里城跡内にはじめて考古学上のメスが入ったのは一九三六年（昭和一一）に伊東忠太・鎌倉芳太郎らによってであった。

この調査は、首里城跡や浦添城跡など沖縄の著名なグスクを調査して、そこから出土する貿易陶磁器をインドネシアのセレベス島出土品と比較検討することで、『歴代宝案』のなかにある明代琉球の南海諸国との交渉史について古陶磁をもって実証・解明しようとしたものであった。その結果については『南海古陶瓷《なんかいことうじ》』として寶雲舎から一九三七年に出版された。この本は中世期の日本における南海貿易の実体を知るうえで内容豊かなものとなっていて、いまでは学史に残る記念すべき書として研究者から高い評価をうけている。

彼らのおこなった首里城での発掘調査および出土遺物はつぎのとおりである。

西のアザナの東南側下地区の調査　城内の西端、西のアザナの東南約四〇メートルの地点、高さ二メートルほどの小丘の東面する地点を発掘している。ここは調査者らによって一四一八年

（永楽一六）から一四二七年（宣徳二）のあいだに埋め立てられた場所と推定されているところである。瓦や貿易陶磁器の破片が混入する火災の際の焼土あるいは焼灰とみられる土層を発掘した。

出土遺物には「癸酉年高麗瓦匠造」や「大天」銘入りの古瓦があった。それに共伴して青磁の破片も多量に出土したが、出土品には上手《じょうて》と下手《げて》の二種類のものがあった。上手の青磁片はほとんどが龍泉青磁と思われるものであったという。また白磁や染付などの破片も出土し、染付については宣徳期の景徳鎮で焼かれた優品であるとコメントしている。

京の内西北側下地区の調査　前記の地点より西南約四〇メートルのところ、京の内西北側下（西）に、琉球石灰岩にはさまれた深さ六メートルに達する凹地がある。三×二・五メートルの範囲で、一・五メートルの深さまで掘り下げている。最下層は赤土層で、その上に二、三〇センチほどの珊瑚石灰岩が積まれている。そのあいだから夜光貝の破片や敷瓦、平瓦、丸瓦の破片とともに陶磁器の破片も出土した。

さらに、この上には三、四〇センチ、あるいは五、六〇センチほどの黒土層がのっていた。この層からは瓦や陶磁器片、漆喰の塊、鉄釘、鳩目銭《はとめせん》などが出土した。貿易陶磁器は南蛮手破片、青磁片、白釉破片、染付破片、白磁片などであるが、特異な出土品として三彩《さんさい》手軟陶《でなんとう》破片の出土をあげている。水鳥、水注、鉢などの器形で石油箱の二箱分にも相当し、ここで出土した遺物の約半数ほどの多量であったという。

三彩手軟陶というのは、現在では華南三彩《かなんさんさい》とよび、緑・黄・褐色の三色で彩られた色鮮やかな陶器のことで、首里城京の内を象徴的に示す陶器である。こうした焼物がこの地点から大量にしかも一括して出土した学術的意義は非常に大きかった。

また、この発掘地点と京ノ内西門のほぼ中間、京の内西北側下（東）、首里森御嶽の西方約二〇メートルの地点での発掘では、青磁片、天目釉茶碗破片、南蛮手大壷破片などが出土している。出土品は地表面から二、三〇センチの深さに露出していたもので、表面採集に近い出土状況だったという。上手のものであるが、いずれも火を受けたものらしく、釉薬がぶつぶつになり、灰色を呈しているものも多かった。

正殿前の調査　正殿前、奉神門の北端側で、一九二四年（大正一三）の秋に鳥居を建立した際に地表面下二、三メートルのところから遺物群が出土している。上手の龍泉青磁で、京ノ内西北側下（東）の出土品とまったく同種、同時代のものである。火災にあって釉薬が灰色を帯びているものも少なくない。そのほか白磁、赤絵、染付、天目釉、南蛮手、緑釉、白釉破片なども出土した。青磁片についで多い遺物は天目釉で、注目すべきものに安南染付があった。

以上、両氏は三地点の出土遺物を検討し、西のアザナ東南側下の文字瓦層と京ノ内西北側下（東）、正殿前の三地点が一四一八年から一四二七年ごろに埋まったものであり、この時期を首里城第一次拡張時代とし、出土遺物の年代を中山がはじめて明に入貢した一三七二年（洪武五）のころより、宣徳初年代に至るあいだだという推定をおこなった。また、京ノ内西北側下（西）の地点は、一四九二年（弘治五）以後かそれほど遠からぬ時代に埋まったもので、成化、弘治のころ（一四六五〜一五〇五年）の出土遺物が多いと推定した。

以上が『南海古陶瓷』に報告された伊東忠太、鎌倉芳太郎らの調査した結果である。考古学的にみてもかなり精度が高く、出土した貿易陶磁器の年代比定とその産地同定の分析などの点においてもその確かさがうかがえる。

また、首里城内の火災、城内での整地造成の事実についても遺物の年代観から的確に判断し考察をおこなっている。なかでも華南三彩陶器片の大量発掘は、他の遺跡での出土例はほかになく、この発掘調査によって王城としての首里城を深く印象づけることになった。

3　正殿の発掘

七回にわたる正殿跡の遺構

それでは平成の復元直前に実施された発掘調査をみていこう。

正殿は百浦添《ももうらおそへ》ともよばれ、「高さ一・七四メートルの石造基壇上に立ち、基壇の正面中央部には九級の石階が設けられ、その石階は最下で幅八・二一メートルあり、漸次上るに従って幅が狭められている。石階最下左右両端には高さ二・一八メートルの石竜柱を立て、石階最上左右両端にも高さ一・三九メートルの石竜柱を立て、上下の石竜柱の間には登勾欄」(田辺泰『琉球建築』)が配された、沖縄最大の建造物であった。

調査の結果、正殿が建っていた場所には、基壇を含む七回の時期があることがわかった(図38)。当初、正殿基壇の発掘調査では基壇を構成する石列が六つ検出された(図39)。そのうち二つの石列は雑な石積みになっていることや正面中央に他の時期では認められる階段がとり付いていないことから、基壇補強のために積まれた石列と解釈し五時期に設定していた。ところがその後、南殿の発掘調査が実施されたことで、正殿と南殿基壇とのつながりが明らかになり、最終的には七回の時期として見直されることになった。以下、第Ⅰ期から第Ⅶ期までの変遷の過程をみることにしよう。

第Ⅰ期は、正殿基壇最下層で検出された遺構群である。上層遺構を破壊しないよう小範囲での発掘しかできなかったため遺構の形状は不明だったが、この第Ⅰ期に属する遺物包含層から多量の大和系

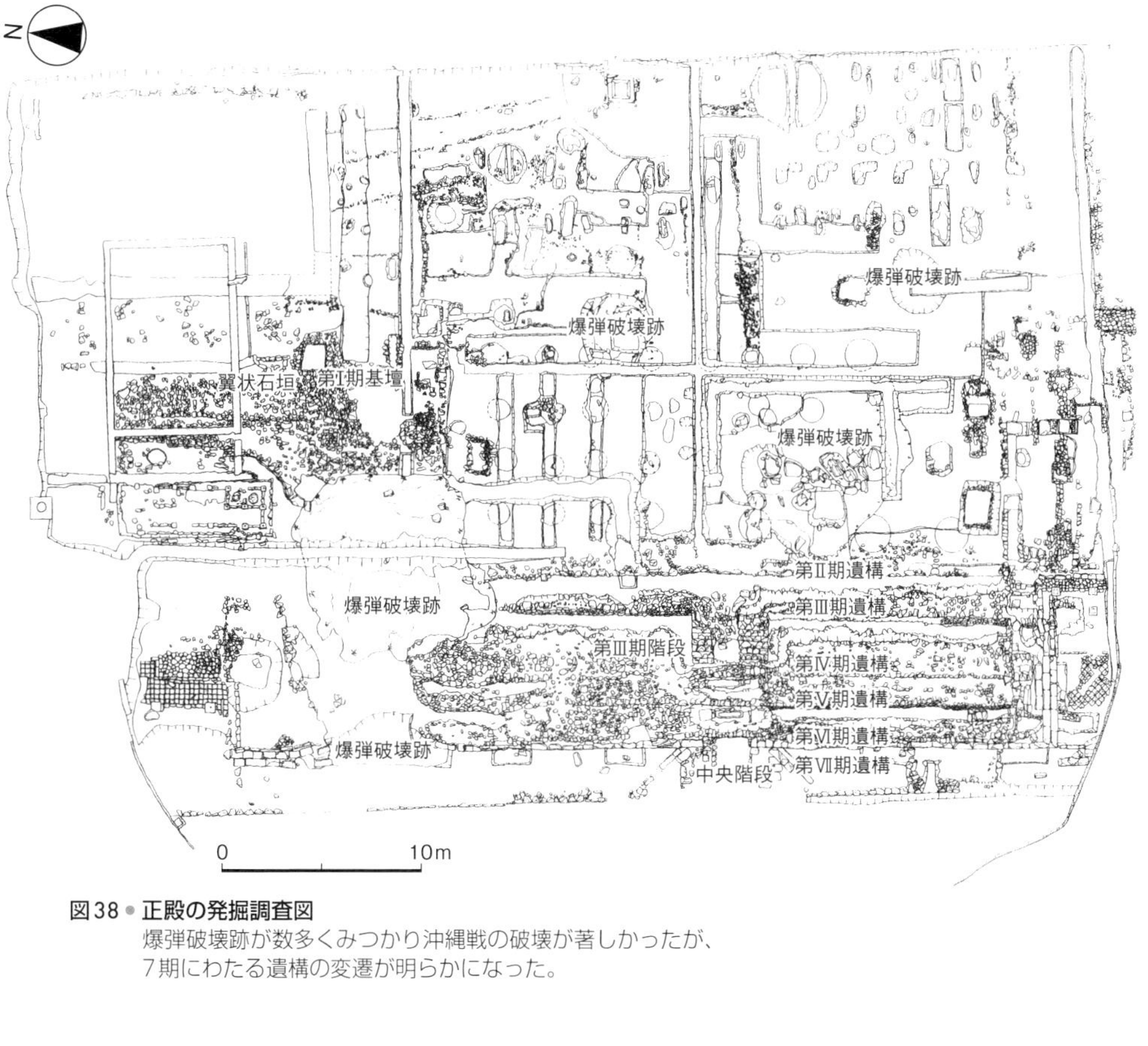

図38 ● **正殿の発掘調査図**
爆弾破壊跡が数多くみつかり沖縄戦の破壊が著しかったが、
7期にわたる遺構の変遷が明らかになった。

瓦が出土したことで、こうした瓦を載せた建物が建てられていたことが予想された。大和系瓦は第二尚氏以前につくられ使用された瓦である。

第Ⅱ期は、第Ⅰ期の遺物を含む文化層を削り、その上に構築された基壇の時期である（**図40上**）。基壇正面の化粧石は五〇×七〇センチほどの長手の切石を用いた整層積みになり、高さは推定一・六メートルほどであった。

石の表面は火を受けて赤く変色し剥離が目立つ。化粧石前面には焼けただれた貿易陶磁器の破片をはじめとして鎧の金具類や木片などの遺物が散乱し、大きな火災を受けたことがわかった。出土遺物の検討から一四五三年の王位継承によっておきた志魯・布里の乱によるものではないかと推測された。

第Ⅲ期は第Ⅱ期の基壇より約二メートル拡張されている（**図40下**）。基壇正面の化粧石

図39 ● 基壇を構成する石列
基壇最下層の第Ⅰ期の遺構は、上層遺構を破壊しないために一部しか発掘していない。基壇は写真右側（西、御庭側）に拡張されていったことがわかる。

には三〇～四〇センチほどの大きさに雑加工された琉球石灰岩が使用されていて、第Ⅱ期基壇と比較して石の加工法や石積みの方法、基壇の築成などに入念さを欠き粗雑な積み方になっている。石積みの勾配は七〇～八〇度であり、基壇正面の中央に石段がとり付くのが特徴である

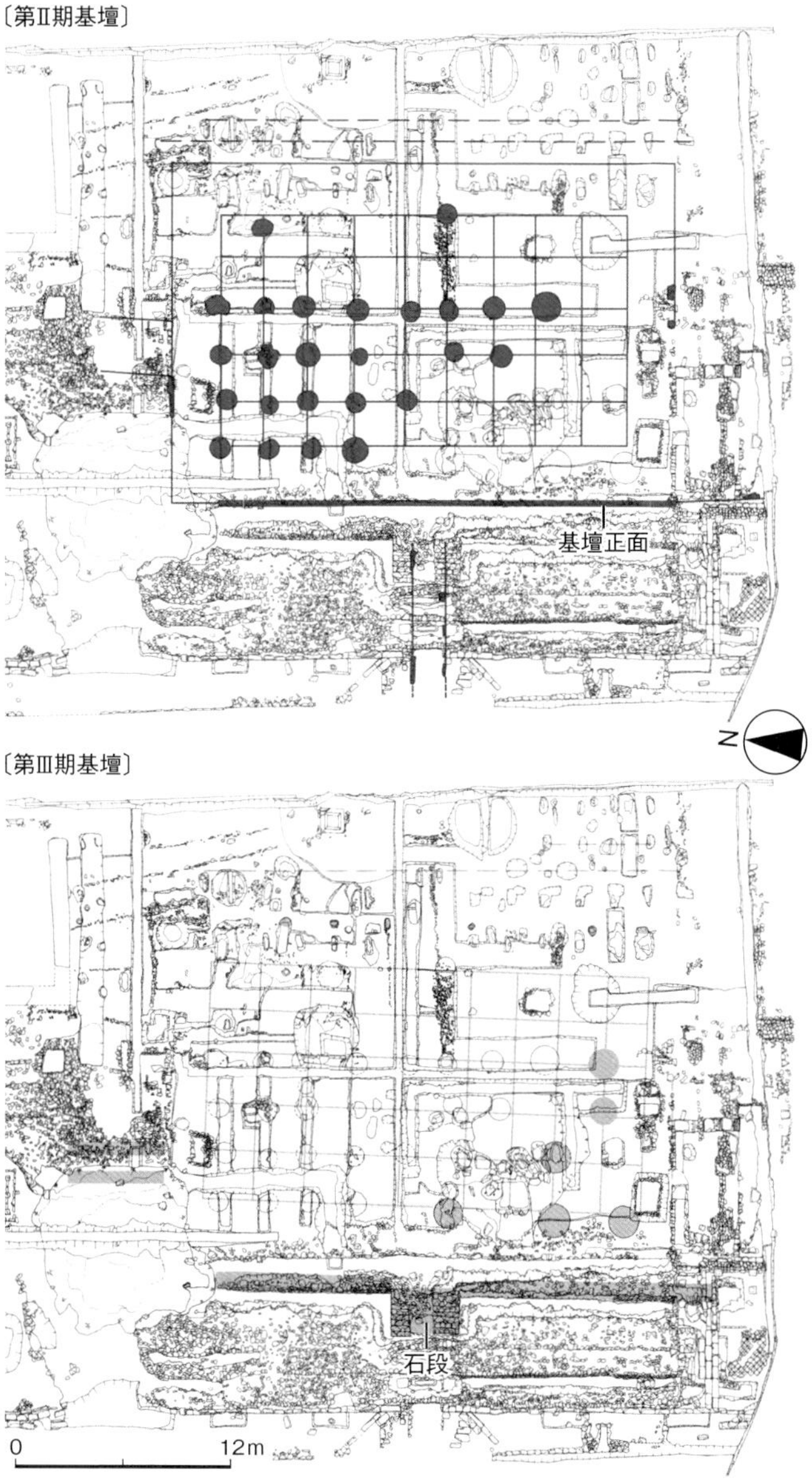

図40 ● 第Ⅱ期、第Ⅲ期の正殿基壇想定図
第Ⅱ期基壇正面の化粧石は、50×70㎝の切石を推定1.6ｍの整層積みにした精巧なつくりであった。それにくらべると第Ⅲ期基壇の化粧石は粗雑なつくりであったが、正面中央に石段がとり付けられた。

（図41）。上部が削られ現状では六段しか確認されていないが、復元すると一二段の石段であることがわかった。階段の出が三メートル、高さ二・四メートルである。

第Ⅳ期は、西側に約三メートル拡張された基壇である。この基壇の石列は、当初、雑石積みになっていることから、基壇の強度を補強するための裏込め石積みと考えられていたのが、数年後に発掘された南殿基壇とのつながりが明らかになり、第Ⅳ期として見直されたものである。

第Ⅴ期は第Ⅳ期の基壇から約一・八メートル拡張された基壇で、この基壇の石列も第Ⅳ期同様雑な石積みになっていることから、当初、強度を補強する裏込めとみられた石積みであった。ところが、その後の南殿の調査成果によってその接続関係が明確になり、第Ⅴ期の基壇として見直されたものである。

第Ⅵ期は、第Ⅶ期の基壇とほぼ同じ規模のもので、第Ⅶ期の基壇化粧石のすぐ後ろに裏込め石のように

図41 ● 正殿第Ⅲ期の基壇にとり付く石段
第Ⅲ期の基壇は第Ⅱ期の被熱した基壇面石（写真左端）より約2m西側にのびた。石段は6段しかみえてないが、実際には12段と推定された。

ならぶ石列の存在から確認された。第Ⅶ期基壇にともなう石段の下にわずかに残る石段の一部と正面石積みにつながる西南北面の翼状石垣のとり付く状況から判断されている。

第Ⅶ期の時期は、沖縄戦直前まで建っていた「沖縄神社」拝殿基壇の姿がこの時期にあたる。この第Ⅶ期基壇の上に建っていた建造物、つまり「沖縄神社」拝殿として利用された正殿については、戦前撮影された写真（**図57参照**）や昭和初期におこなわれた解体修理時の実測図面も残っているので、その建物の全容を知ることができる。

正殿基壇上の建物の変遷

以上の発掘成果を、各時期の基壇と建物との関連をみながら整理するとつぎのとおりとなる。

最下層にある第Ⅰ期の建物遺構群については、第Ⅱ期の基壇造営の際に破壊されていることや、上部遺構の破壊を避けるため発掘を小範囲にとどめたこ

図42 ● 基壇正面階段の遺構
八の字状になった階段の袖の一部。左右にみられる長方形の石材は基壇正面の面石。上部は破壊され、基礎の根石部分だけが残る。

となどもあって明確にできなかった。

第Ⅱ期基壇の建物は、ほとんど礎石を残さないが、基壇内の赤土層を円筒状に掘り込み、そのなかに石灰岩砕石を入れて固めためずらしい形式の基礎地業（ローソク地業）や雨落ち溝の跡があり、また、浮き道（輦道《れんどう》か）や下層に残る基礎造成の痕跡などから、正面九間、側面五間の東西棟の建物が建っていたことが想定された。

そしてこの時期以降になっても、正殿の位置や規模は第Ⅱ期を踏襲し、時期が下って変化をみせるのは、西方へ拡張されていることと、中央石段部分の形状や基壇南北面の翼状石垣が若干ちがうだけであった。

つぎに、この正殿跡の発掘調査をもとに各時期の歴史的段階を考えてみよう。

正殿の最初の段階である第Ⅰ期は、第Ⅱ期基壇の下に埋まって発見されたものである。「大和系瓦」が大量に発見され、瓦葺建物の存在が明らかになった。建物の規模や構造は基壇の下層に埋まっていることもあってはっきりさせることはできなかったが、古瓦の時期や貿易陶磁器の時代判定から一四世紀と想定される。

第Ⅱ期は基壇の石が赤く焼けただれており、その焼けた基壇の前から貿易陶磁器や武具などが火災にあい放置されたままの状態でたくさんみつかった。出土遺物を検討してみるとほぼ一五世紀中葉ごろのものであり、王位継承をめぐって世子と叔父が争った「志魯・布里の乱」（一四五三年）が想定される。

第Ⅲ期は正殿の焼失後、新しい国王に迎えられた尚泰久になって大急ぎで再建されたものであろう。基壇石積みが粗雑になっているのはそのせいだと思われる。なお基壇にとり付く石段の踏面を観察するとあまりすり減ってないことがわかった。そのことから、石段がとり付く基壇の使用年代は尚泰久の最後の段階かつぎの尚徳の代には埋め込まれ、つぎの新しい基壇に変わった可能性が高い。

第Ⅳ期と第Ⅴ期になると、正殿の規模は大きく拡張されたが、基壇石積みは依然として粗雑な石積みのままであった。

第Ⅵ期になるとさらに西側に基壇が拡張され、つぎの第Ⅶ期基壇とほぼ同じ規模となる。沖縄戦で焼失する前の「沖縄神社」拝殿は、この最終段階の第Ⅶ期基壇の上に建っていた。第Ⅳ期から第Ⅶ期基壇までのそれぞれの造営時期については、発掘を終えたばかりの遺物の未整理段階では特定するにはいたらなかった。

四回の焼失

基壇の上の木造建造物は、文献資料によると過去四回ほど全焼し再建されたという。

最初の火災は、志魯・布里の乱のとき、翌年には再建されたといわれている。第Ⅱ期の遺構がそのことを示している。

二回目の火災は一六六〇年の尚質《しょうしつ》王のときである。そのころは王府財政が逼迫していたこともあって、一一年も後になってから再建されたといわれている。屋根が従来の板葺から瓦葺に変わったのがこの時期だといわれている。このときの瓦には明式系の瓦が使用された。

三回目は一七〇九年の尚貞《しょうてい》王のときである。このときには北殿も南殿もともに焼け、三年後の一七一二年、尚益《しょうえき》王の代に薩摩から送られた材木などを使って再建にとりかかったが、工事竣工までには時間がかかり、一七一五年になってようやく竣工したといわれている。二回目、三回目の火災については、遺構から跡づけることはできなかった。

そして四回目は一九四五年、沖縄戦でアメリカ軍の砲火をあび灰塵に帰してしまった。

以上、正殿跡の発掘調査は首里城正殿の変遷史を跡づける大きな成果をもたらしたのである。

4 正殿の遺物

首里城正殿は、琉球王国を代表する象徴的な建物であった。琉球の国王はここで政治をおこない、国家としての大切な儀式をおこなうときにも使われた。

幾多の変遷を遂げてきた正殿跡の発掘調査ということもあって、出土遺物の量は多く、年代的にも中世から近世、現代にまでわたる。遺物の種類を大まかにわけると、建物に関するもの、生活用具に関するもの、武器・武具に関するもの、そのほか装飾品などが含まれている。

瓦と金具類・勾欄部材

出土品の多くは建物に関するもので、なかでも多いのは屋根瓦である。大和系瓦および高麗系瓦とよばれる古瓦と明式系瓦とよばれる新しい瓦の三種類がある。

さきにふれたように、大和系瓦が出土したのはもっぱら第Ⅱ期基壇造成前の第Ⅰ期の地層からであった。琉球出土の古瓦を研究している上原静は、高麗系瓦と大和系瓦葺建物について「一四世紀には存在し、少なくとも一五世紀前半には屋根上から消滅していたことが言える」と述べている。そのことを裏づけるように正殿の調査では、明式系の瓦が表土に近い上層から出土し、下層では大和系瓦などが出土した。一六六〇年の二度目の火災の後、一六七一年に再建された正殿では、板葺から瓦葺にあらためられたことが記録されている。このときの再建の際には明式系瓦が使用された。

明式系瓦の色調には赤色と灰色がある。古くは灰色瓦だったのが、一八世紀の初期に赤瓦へと移行したといわれている。現代、沖縄の風景を代表するものとして赤瓦の屋根がある。そうした風景も一八世紀ごろになってできあがったものであった。

琉球の造瓦技術は、高麗系瓦が先行し、大和系瓦がつづき、そして明式系瓦という変遷をたどったとされている。首里城跡全域では三種類の瓦が出土しているが、大和系瓦が出土しているグスクは現在のところ首里城跡のほかに、

図43 ● 首里城跡出土の建築関係遺物
首里城跡から出土する遺物は種類、数量ともに多く、他のグスクを圧倒している。また写真の遺物のように破片となったものも数多く出土し、遺物の接合作業や実測図作成などに長い年月を要した。

勝連城跡、崎山御嶽《さきやまうたき》遺跡、浦添城跡などに限られている。

金具のなかでは鉄製の角釘が多く出土した（**図22参照**）。頭部が折れ断面方形の和釘が多い。サイズは二センチから二〇センチまでありバラエティーに富む。いずれも木造建築物である正殿などに使用された。そのほかの金具としては煽止《あおりど》め、飾り金具、青銅製の金具類、調度品の金具類などで、正殿の建物内部に使用されたものである（**図43**）。

建物に関する石造製品も数多く出土している。正殿前面の勾欄部材や礎石などがある。勾欄部材には羽目石、束柱、てすり、チ首《しゅ》、龍柱《りゅうちゅう》の破片、そのほか欄干を飾る彫刻された石造製品などである。礎石は方形に加工されたものと円形のものが存在した。また、正殿の屋根上の棟を飾った龍頭の鉄製の髭も三本出土した。いずれも長さが一・三メートルある。これらの製品のなかには火を受けたものもあり、正殿建物の焼失、再建、重修の痕跡を示す遺物である。

生活用器と武器・武具など

首里城正殿からは、日常生活に使われる遺物の出土量はほかの建物跡にくらべ非常に少なか

図44 ● 首里城跡出土の装飾品
出土した遺物には装飾品も数多く含まれていた。写真下は簪（かんざし）、中央は青銅製の指輪・小玉、上段は火災の際に溶着したガラス小玉塊。

った。それでも青磁の碗、皿、盤、香炉、白磁の碗、杯、皿、褐釉陶器の壺・甕、天目茶碗、青花の碗・皿・杯・瓦器の碗、菊花文入りの鉢、カムィヤキ、沖縄製陶器などが出土している。

なかでも青磁・白磁・青花などの貿易陶磁器には優品が多く含まれている。青磁には酒会壺や大盤、また青花などに雲堂手《うんどうで》とよばれる瓶が出土しているが、いずれも火を受けた状態での出土であった。

そのほかに梵鐘の破片、硯、古銭、遊具類、雁首《がんくび》、煙管《きせる》、ガラス器、穴の開いた夜光貝、簪《かんざし》など（**図44・45**）、また獣・魚骨類の食料残滓などが出土した。

また、鎧《よろい》の部材（小札《こざね》、鞐《こはぜ》、兜《かぶと》の破片など）、鉄鏃、刀身、槍、刀の鍔などが出土した（**図23参照**）。鎧の部材の多くが第Ⅱ期の基壇前面部から火を受けた状態で出土し、基壇の化粧石も火を受けて赤く変色していることから戦火にあったことが考えられた。

これらの出土品の数々は、政事を司る首里城正殿一帯でおきた生活の実態にせまることのできるたいへん貴重なものばかりである。

図45 ● 首里城跡出土の生活用品
首里城正殿では生活用品など多種多様な遺物が破片となって多量に発掘された。和鏡、青銅製の鈴や杯、匙、香炉、華南三彩陶の破片。

5　北殿と南殿

北殿跡の発掘

正殿前の御庭の左右に二つの建物が建っていた。北側に建つ建物を「ニシヌ御殿」(沖縄では北のことをニシともよぶ)、南側の建物を「フェーヌ御殿」(フェーは南のこと)とよんだ。北殿、南殿のことである。

北殿は冊封使が訪れた際に、その人たちをもてなす場として使われた。また、冊封使がいないときには、摂政・三司官《さんしかん》(国王の補佐役としての最高首脳部)らが国の重要案件を詮議したり、王府役人たちが行政上の手続きや書類の作成などをおこなったりする王府の行政施設として利用された(図46)。

創建された年代は第二尚氏の尚真王の時代だといわれているが定かではない。一七〇九年に正殿や南殿と共に焼けてしまったが、一七一二〜一五年に再建された。廃藩置県の後、陸軍省管理の下に置かれたが、一九〇九年に地元首里区に移された。その後、荒廃していたのを一九三六年に修理され、沖縄郷土博物館として使用されていたが、沖縄戦で焼失してしまった。

戦後、琉球大学が創建されたことでふたたび土地改変をうけたため、調査区全域に旧大学の排水管や電気管などの埋設構造物などが縦横に走り、あるいは樹木の植え込み、直径が八メートルにもおよぶ砲弾の穴などがその痕跡をとどめ、北殿を支えた基壇もほとんどが失われ悲しい結果になっていたのである。

しかし幸いなことには、埋設物と埋設物との隙間にはさまるようにして遺構が検出され、それによって北殿が建つ前の旧地形を把握することができた。旧地形を復元すると、北殿があった場所はもともと西側に傾斜し、一五世紀の中葉に大がかりな土地の造成をおこなうことで平場を確保していた事実が判明した。それによりこの平場を中心にして正殿の第Ⅱ期に対応する建物の存在を推測することが可能となった。

つまり北殿の創建については、これまで第二尚氏尚真王代と考えられていたのが、第一尚氏代にはすでに存在していることが発掘調査で明らかになったわけである。

南殿跡の発掘

南殿は、薩摩侵攻後、薩摩役人の接待所として建てられたといわれている。『球陽』には「天啓年間（一六二一〜二七）に南御殿をつくり、在番（薩摩役人）を歓待し、佳節に倭礼を行うところ」とある（**図47**）。

南殿があった場所には、戦後になって琉球大学の法文

図46 ● 復元された北殿
「十一間四面・単層・入母屋造・本瓦葺で、正面中央部三間は向拝が突出し、玄関となり、左右に各一か所、背後に一か所の出入り口がある。建築は石造基壇上にたち、各入口へは石段で上がるようになっている」（田辺泰『琉球建築』）。

学部や教育学部の校舎をはじめ別館などコンクリート造りの施設が所狭しと建築され、ほぼ全域が後世の破壊を大きくうけることになった。南殿がのる岩盤は削りとられコンクリートの基礎が打ち込まれていた。

しかし、校舎と校舎の隙間の部分や東側の正殿と接合する地区には後世の構造物がなかったために破壊からまぬがれた部分もあった。遺構は主としてそうしたところで確認された。

検出された遺構は石列四件、基壇三件、階段三件、溝六件、方形石組遺構一件などであった。これらの遺構を総合すると、南殿の地下遺構は、正殿と同じく一四世紀の後半以後六回の増改築がおこなわれていることが判明した。

南殿Ⅰ期から南殿Ⅴ期の建物基壇の軸は、正殿に対して九〇度の位置に配置されている。ところが薩摩侵攻後に創建された南殿Ⅵ期の基壇の軸だけは、他の基壇とは異なり内側（御殿側）に約八〇度振ってつくられている。つまりこの南殿Ⅵ期の基壇軸だけは、地軸に合わせる形で南北軸に沿った形でつくられたものであることが判明したのである。

図47 ● 復元された南殿
建物は一重、二階建て、北殿と同様に本瓦葺きで、高さ90cmの琉球石灰岩の基壇の上に建っていた。この建物の右（東）側は王や王妃の居室である内原書院をとおして正殿とむすばれ、西側には番所につながり、裏に書院があった。

なぜ薩摩侵攻後に建て替えられた南殿Ⅵ期の基壇軸だけがわざわざ真北に軸を変えたのか、南殿Ⅵ期の基壇の上に建つ南殿造営の際、薩摩の意向がはたらいたのか、その背景については今後の検討課題として残ることになった。同時に、これまで南殿創建については、『球陽』などの記録によって薩摩侵攻以後の天啓年間とされていたが、その以前の第一尚氏の段階で、すでに正殿に対応する建物の存在が明らかになった。

6　京の内跡

京の内地区の発掘

南殿から番所を介して東側に広がる空間が、城内でもっとも神聖視されている祭祀区間「京の内」である（**図29参照**）。この空間は、城内南西側の城内でもっとも高いところにあって、南に高さ数メートルの断崖を背に、下之御庭《したのうなー》と高い石垣によって区画されている地域である。古くは木々が鬱蒼と茂る神秘的な空間だったようである。

一九九二年に正殿を中心とする建物群の整備が完了し、首里城公園として一部が開園していくなかで、聖域空間としての京の内地域の整備が計画されるようになった。整備にともなう事前調査が首里城公園の委託で沖縄県教育委員会によって実施された（**図48**）。

後世の破壊で現場は大きく攪乱されているものの、地下深くから時代の異なる遺構群がそれぞれ複雑に絡みあいながら数多く発見された。

石積み・石敷き・石列・基壇・溝・土壙、階段などの建物に関連する遺構をはじめとして、祭祀場跡ではないかとされる遺構や倉庫跡、さらには青銅製品を製作するための小型の鍛冶炉の跡などが含まれていた。また、一四世紀終末〜一五世紀前半に属すとみられる建物基壇の一部に鉄鑿《てつのみ》で刻印されている石材があることも確認された。こうした刻印のある石は、久慶門に接続する東側城壁の内面と外面の石垣でもみつかっており、近年では中城城跡でも確認されている。今後の研究がまたれるところである。

京の内地区を発掘した担当者は、発見された遺構群について、出土した陶磁器の編年観をもとに、第Ⅰ期（一四世紀前半〜一四世紀後半）、第Ⅱ期（一四世紀終末〜一五世紀前半）、第Ⅲ期（一五世紀中ごろ）、第Ⅳ期（一五世紀後半〜一六世紀初頭）、第Ⅴ期（一六世紀前半〜一九世紀後半）、第Ⅵ期（一九世紀終末〜昭和五八年）までの六期に区分して考察をおこなっている。

図48● 京の内跡の発掘調査
旧琉球大学のキャンパス内道路や校舎があった場所で、上層部はかなり破壊されていた。後方の朱の建物は竣工したばかりの復元広福門。観光客の姿もみられ、炎天下で発掘調査はつづけられた。

大量の貿易陶磁器

京の内地区の調査でもっとも注目されたのは、一四五九年の失火にあった建物跡が検出され、そのなかから大量の貿易陶磁器が発見されたことである。

発見された貿易陶磁器の大半は中国産の陶磁器によって占められ（図49）、そのほかタイ産の褐釉陶器やベトナム陶器（図50）、日本産の備前陶器などで構成されている。なかには国内の遺跡からこれまで出土例がなかった紅釉《こうゆう》水注、青花龍文高足杯、青磁牡丹唐草文花瓶、元青花大合子などの逸品が含まれており、大交易時代に繁栄した琉球の姿が浮き彫りになった。

なお、この建物跡から一括で出土した遺物は、二〇〇〇年に、陶磁器五一八点と、附《つけたり》として兜鉢、小札、鎖帷子《くさりかたびら》、釘、鍔などの金属製品、火災の際に溶着したガラス小玉塊などが国の重要文化財（考古資料の部）に指定されている。

図49 ● 京の内跡で出土した代表的な貿易陶磁器
京の内跡の「土壙SK01」からの出土品。小破片で出土したが、丹念な接合復元作業によってみごとによみがえった。世界的にも類例の少ない14世紀末から15世紀中ごろの貴重な貿易陶磁器と判明した。

以上、首里城の考古学的調査をとおして筆者は、先人のもっている文化的な創造力・バイタリティーの強靭さに驚かされた。これまでの発掘調査などをつうじて推測されることは、首里城は戦乱や火災による焼失を乗り越えて再建をくり返し、再建のたびに、その当時のあらゆる技術を内外から導入し応用発展させてきた姿そのものであり、そのなかに工夫、多様性という文化の実質をみるとするならば、まさに首里城は琉球における文化形成の典型的な存在だったわけである。

7 精巧優美な石垣

早い石垣の出現

首里城の曲線を描く石垣と特徴的な石造拱門についてはさきにみてきたが、奈良時代に古代山城が造営されて以後の日本の中世城館には、グスクの城壁石垣のように精巧な石積み技法は認められない。日

図50 ● 京の内跡で出土した代表的なタイ産・ベトナム産のやきもの
タイ産の褐釉陶器、タイ産土器（ハンネラ）、ベトナム産青花など。

本の城に石垣が認められるのは一六世紀後半の永禄年間前後である。一方、グスクに切石積みの精巧な石垣が出現するのは、勝連城跡や今帰仁城跡の発掘成果から、ほぼ一四世紀前半から中葉ごろとみられており、約二世紀近くも日本本土より沖縄のほうが早かったことになる。

これらのグスク石積みが発達するのも大陸からの影響である。グスク時代の按司や築城家たちは、大交易時代を通じて大陸の進んだ科学技術をはじめ築城技術を受け入れることによってグスクづくりを発展させていったのである。

久慶門接続石垣の発掘

戦争直前まで良好に保存されていた首里城の城壁や城門も沖縄戦で戦禍にあい、その後は琉球大学創設にともなう土地造成などで地中深く埋められてしまった。今日、私たちがみている首里城は、復元整備された以後によみがえったものである。

図51 ● 復元された東のアザナ外郭部の石垣
首里城の石垣には、近くでとれる琉球石灰岩が用いられ、琉球の石積み技術と築城技術が集約されている。死角をなくすために石垣を突出させる馬面（ばめん、雉〔ち〕）などが随所にみられる城壁は圧巻である。

図52は、復元前、つまり一九七九年の発掘調査で検出された久慶門（図33参照）接続石垣の写真実測図の一部である。この城壁は戦争直前まで首里城の外壁として威容を誇っていたが、沖縄戦で半壊状態になり、戦後そのまま地中深く埋め込まれていたのを、久慶門復元工事で発掘されたものである。

この石垣は、グスク石垣のなかでも技術的に優れており、石垣建築の高度な技術の要求が満たされているものの一つである。実測図をみながら、石積みの工法について若干説明しよう。

石垣の用材は琉球石灰岩である。琉球石灰岩は花崗岩よりもやわらかく加工しやすいという特質がある。この石のもつ特質をうまく利用しながら築かれたのが琉球のグスク石垣である。

切石の大きさは、もっとも大きい方の石で幅七〇～八〇センチ、長さ一三〇～一四〇センチ、平均すると幅五〇～六〇センチ、長さ九〇～一〇〇センチである。また、石面から石尻までの長さ控えは六〇～七〇センチ前後の石が多く用いられている。この手の長大な切石は沖縄のグスク石垣のなかでは最大級に属し、首里城以外に類をみない用材である。

工法は、石垣各層の高さをそろえて横目地を通すのを基本とするが、ところどころで縦目地が通るところが確認できる。そのほか大きい石と大きい石のあいだに二五～三〇センチ角の切石が使用されているところがある。このような用材の使い方は比較的古い時代に属する石積み工法である。

この石垣は、琉球石灰岩の切石を長手に加工して積み上げた、いわゆる整層積み（布積み）の一つであるが、現在の整層積みが下石二つの上に上石の重みができるだけ等分にかかるように「品」字形に積まれているのにたいし、この石垣の場合には、わずかではあるが縦の目地がとおり重箱を重ねたような積み方が確認できる。このような工法は石積みの弱点としての不手際であるが、この弱点を補強するように、大きい石と大きい石の間に四角形の比較的小さい石を据えて四ツ目を防ぐための工夫がなされていたり、石の角を欠いて鍵状のかみ合せをしたりしてさまざまな工夫がなされ興味を引く石積みになっている。

なお、首里城の創建については、察度王のころだという説と尚巴志王のころだという説の二つの説がありはっきりしない。近年実施された首里城跡発掘調査の成果からは、その創建については一四世紀のころまでさかのぼることは確実になってきた。

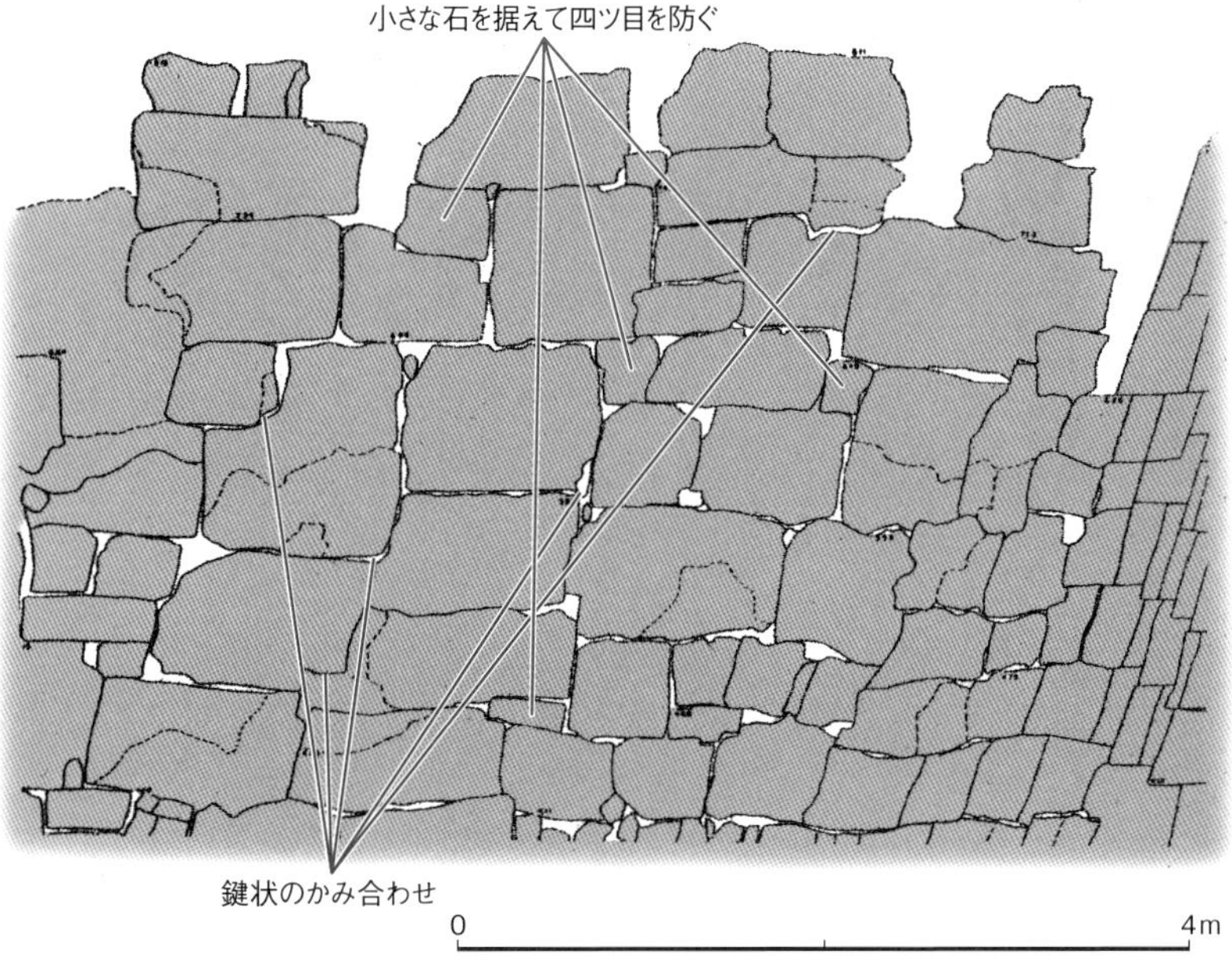

図52 ● 久慶門前面階段西側の石垣の実測図
切石の大きさは城内でもっとも大きく重厚な石垣。琉球の石積み技術の初期段階。この種の積み方は日本では古代山城などに多くみられるが、中世以後の石垣にはみられない。中国大陸や朝鮮半島との交流のなかで発達した石積み技術であろう。

城壁にうがたれた鉄砲狭間

種子島に鉄砲が伝来する一〇〇年も前、琉球にはすでに火器兵器が使用されていたといったら信用されるだろうか。この証拠がじつはグスクに刻まれているのである。首里城の城壁南側には鉄砲の狭間がうがたれており、首里城の南の丘、つまり現在の崎山御嶽の台地周辺をみすえている。

ほかにも沖縄島中部にある国指定史跡の安慶名《あげな》城では二カ所確認され、中城城では城壁のなかに五カ所開いている（**図53**）。一カ所は正門の脇から城門を攻める敵軍を狙い、三カ所が大手の城道に通じる道をにらんでいる。あと一カ所は搦《から》め手方向の城外にむけられている。

また、最近の発掘調査では、首里城跡をはじめ中城城跡、勝連城跡、具志川《ぐしかわ》城跡、今帰仁城跡のほかいくつかのグスクから鉄の弾丸や石の弾丸が出土している（**図54**）。首里城では、石の弾丸の製作所跡ではないかとみられる場所と遺構もみつかっている。

伊波普猷は、古い文献の記述から、一四〇〇年代に琉球での「火矢」（**図55**）の使用を想定したが、「琉球王国には武器や戦争はなかった」とする当時の学問研究の動向を反映して、「火

図53 ● 中城城跡の城壁に残る狭間（左側にもう一カ所ある）
城壁は15世紀前半、護佐丸の時代のものとされている。中国式の火器兵器「火矢」用であろう。狭間は大手の城門にむかう城道をにらむ。大手の方角には首里城がある。

矢」が三眼銃（銃口が三つある中国式火砲）だったということに気づかず「ほんとうの鉄砲ではない」と自分の論文にわざわざ断りをいれている。

通説にしたがえば、日本にはじめて鉄砲を伝えたのは一五四三年に種子島に漂着したポルトガル人であったとされているが、鉄砲を発射するための狭間や弾丸の存在は、一五世紀初期の琉球王国誕生にあたって火器兵器が使用されていたことを証明するものになっている。鉄砲伝来の常識もグスク研究の進展でそろそろ再検討の時期にあるようだ。

図54 ● 首里城跡出土の武器
上は石弾、その下には小さな石弾や土の弾、骨鏃、大小の刀の鍔。主要なグスクでは鉄鏃が数多く出土し、骨鏃はむしろ少ない。

図55 ● 現在に伝わる「火矢」（三眼銃）
銃口が三つある中国式火砲で、沖縄では「火矢」とよんでいる。写真の火矢は糸満市内の旧家に伝わるもので、銃口の先端部が火薬の威力で黒く変色し欠損部もみられる。

第4章　琉球王国の終焉と首里城

1　琉球王国の終焉

欧米艦船の来訪

日本が鎖国政策を守りつづけていたころ、遠くヨーロッパは産業革命によって発展、成長していった。やがて国力を増強したヨーロッパ列強はこぞって海を越え、アジアへの進出をうかがうようになった。一八世紀末、ロシア船が日本に来航し通商を求めたのをかわきりに、一九世紀にはイギリス、フランス、アメリカの船がつぎつぎに来航し、江戸幕府に開国をせまった。

そうした情勢に否応なく巻き込まれた琉球にも頻繁に欧米の船影があらわれるようになった。一八一六年、イギリスの艦船ライラ号とアルセスト号が那覇港に入港、琉球の人びとを驚かせた。そして一八四四年には、フランスの軍艦アルクメーヌ号が那覇港に入港して和親・通商・布教の要求を突きつけてきた。さらに一八四六年にもイギリスの船が来航して同様の要求を突きつけ、宣教師ベッテルハイムを残して去って行った。ベッテルハイムはその後九年間も琉球に滞在し、キリスト教の布教に努めた。

アジアに視線を注いでいたのはアメリカもまた同じだった。一八五三年、アメリカのペリー提督は、香港で四隻の艦隊を編成し、上海経由で琉球に来航した（図56）。以後、遠征中にペリーは五度も那覇に寄港し滞在した。そのおもな目的は、江戸幕府との条約交渉のための基地として琉球を利用することにあったといわれている。

当時の琉球国王はまだ幼い第一九代尚泰《しょうたい》で、琉球王府は頻繁に来航する外国船への対応について薩摩にそのつど報告し対処法の指示を仰いでいたが、激動する時代の波を押しとどめることはできなかった。一八五四年、琉球を発ったペリーは浦賀へ入港し、ついに江戸幕府は開国を約し、長い鎖国の時代に終わりを告げた。

やがて明治天皇が即位、徳川慶喜の大政奉還があり、鳥羽・伏見の戦いなどをへて江戸幕府が終わりを告げ、明治新政府が発足し、日本の政治体制が大きく変化していくなか、琉球にも新しい時代の波がおしよせてきた。

図56 ● 首里城を訪問するペリー提督一行
1853年6月6日、ペリー提督は200名あまりの軍楽隊や水兵を率いて首里城訪問を強行した。そのときの守礼門での様子を描いたもの。守礼門の後方には歓会門や城壁なども描かれ、さらに奥には瑞泉門がかすかにみえる。

琉球併合と首里城

明治政府は一八七二年に琉球藩を設置し、琉球国王尚泰を「琉球藩王」に任命した。さらに一八七九年、松田道之の率いる警官と軍隊は武力によって琉球王府のおかれた首里城に入城、「琉球藩を廃し沖縄県を設置する」旨を通達した。これにより琉球藩は廃止され、沖縄県が誕生した。

こうして首里城は明治政府による強権的な「廃琉置県」により明治政府に明け渡され、まもなく熊本鎮台分遣隊の軍隊が首里城に駐屯するようになった。ここに一五世紀はじめ統一国家として成立してから約四五〇余年におよんだ王城の歴史は閉じられることになった。

首里城に駐屯していた軍隊は一七年後の一八九六年に撤退するが、その間、城内にあった建造物や工作物の一部は改変され、施設を飾っていた彫刻の一部が心ない兵隊たちによって破壊されたり持ち去られたりすることもあった。

図57 ● 首里城正殿（1921年の写真）
1879年（明治12）、首里城は明治政府に明け渡され、450年間にわたってつづいた琉球王国も幕を閉じることになった。それから42年後に撮られた正殿写真。凛として建つ姿には胸を打つものがある。正殿前の大龍柱に注目すると、平成の復元大龍柱がむかいあって立っているのにたいし、この写真の大龍柱は正面をむいている。

さらにその後、首里城が首里区の管轄下におかれたことによって区当局に払い下げられると、小学校や工芸学校などが設立されることになり、施設の新たな改変や工作物の建設などがおこなわれた。こうしたなか首里城内の建造物の老朽化も進み（図57）、管理も巧くいかなくなって、一九二三年にそのとり壊しが決定された。

まさに正殿の屋根瓦が下されはじめたそのとき、首里城の建造物や琉球文化に深い理解を示していた鎌倉芳太郎や伊東忠太の目に止まり、彼らの働きによってとり壊しの決定が撤回され、一九二五年、古社寺保存法のもとで特別保護建造物に指定されることになった（一九二九年に「国宝保存法」が制定されると国宝となる）。こうして多くの苦労をともないながらも沖縄神社の拝殿としてかろうじて保存されることになった。一九二八年には解体修理工事がはじまり、一九三三年に竣工した。しかし、その後の沖縄戦において、アメリカ軍の激しい攻撃によって破壊されたことはすでに述べた。

2　世界遺産になった首里城跡とグスク群

沖縄の宝から世界の宝へ

二〇〇〇年一二月、首里城跡をはじめ今帰仁城跡、座喜味城跡、中城城跡、勝連城跡などの五つのグスクと玉陵《たまうどぅん》、園比屋武御嶽石門《そのひゃんうたきいしもん》、斎場御嶽《せーふぁうたき》、識名園《しちなぬうどぅん》など四つの関連する文化遺産が「琉球王国のグスク及び関連遺産群」の名称で世界遺産リストに登録された。琉球王国の文化遺産が沖縄の宝から世界の宝になったわけである。

世界遺産として登録されるには「顕著な普遍的価値」の証明が必要だ。そのためには評価基準（クライテリア）のいずれか一つ以上に合致するとともに、真実性（オーセンティシティ）や完全性（インテグリティ）の条件を満たす必要がある。「琉球王国のグスク及び関連遺産群」の価値評価の特徴は、琉球文化がもつ地域的固有性とそこにあらわれている自然・祖先崇拝にたいする評価、記念工作物以外の資産への配慮があったことである。「沖縄には固有の文化が残っている。アジアのこうした文化を国際社会が知ることは非常に意義深いことだ」というイコモスから派遣された郭旃氏の記念講演時の言葉が強く印象に残る。

また考古学的遺跡として評価されたことも注目すべきだろう。イコモスの評価書は、グスクを「廃墟となった城」と表現し、考古学的な発掘調査の成果についてくり返し言及している。さらに琉球王国の文化遺産の多くが沖縄戦によって破壊されながらも、その修理・修復作業において遺跡の〝真実性〟が認められたことも特筆されよう。

図58 ● 復元された奉神門
御庭をはさんで正殿にむかいあう門。「君誇御庭（きみふくいうじょー）」ともいう。三つの門の前には石階段がとり付いていたが、中央階段だけには登高欄で、この中央階段と中央の門は、国王や中国皇帝の使者である冊封使などの限られた人しか通れなかった。

グスク群を歩く

いま、首里城跡をはじめ各地のグスクを歩くグスクめぐりが歴史愛好者の人気をよんでいる。

グスクを歩く醍醐味は、石垣などの遺された遺構群のなかに、一四、一五世紀の国家形成期における琉球社会の緊張した姿を感じ、兵者どもの夢のあとを追いながらいつしか歴史へのロマンが膨らんでいくところにある。また、その景観と御嶽なども人気の一つであろう。グスクはまさに沖縄の歴史を代表する遺跡といえよう。以下に、世界遺産に登録された五つのグスクについて大急ぎでみていくことにしよう。

今帰仁城跡（図59）　三山分立時代における北山の領域を支配した国王の居城で、その規模、石垣遺構の保存度の良さなど、沖縄屈指の名城たる風格のある城跡である。発掘調査によってその変遷過程が第一期から第四期に分けてたどることができることがわかった。

第一期は一三世紀の終わりから一四世紀のはじめにかけて、城が創建される時期にあたる。この時期には

図59 ● 今帰仁城跡（東から）
手前左側から奥のほうへ本部半島特有の古生期石灰岩からなる山々がつづき、難攻不落の城とされていたが、部下の裏切りにより落城したとの伝説がある。曲面を描く城壁と険阻な地形を巧く利用して防御を固めている。

まだ石垣がなく、木の柵をもって城柵としており、城の規模もそう大きいものではなかった。第二期は今帰仁城を代表する高い石垣が築かれる時期で一四世紀の前半から中ごろまでである。石積みの基壇の上に殿舎が建てられた。第三期は、今帰仁城がもっとも栄えた時期で、中国側の文献『明実録』には怕尼芝《はにじ》、珉《みん》、攀安知《はんあんち》の三王が記録として残っている。第四期は、一四一六年に北山が中山によって滅ぼされた後、琉球王府から派遣された北山監守がいた時期で、一六六五年の最後の監守が首里へ引き上げるまでの約二百四十数年間である。

座喜味城跡（図60）沖縄島中部西海岸側、三山分立時代の北山と中山の領域が互いに接する境界に位置し、北山の領域が見通せて首里城とも連携がとれる標高一二五メートル前後の展望のきく台地の上に築かれた城である。

国王の居城である首里城と緊密な連携を図るという国防上の必要性から、琉球史のなかでも築城家として知られる護佐丸によって一五世紀前半に築かれたといわれている。北山が滅んだ後にもその旧勢力を見張る目的で利用され、琉球王国初期、国家権力の安全に重要な役割をはたした。

図60 ● 座喜味城跡（西から）
沖縄島北部勢力を監視し牽制するために築かれた城。右上（東）の城壁塁線（白くなっている部分）が周囲の城壁にくらべ幅広いのは、塁線上に多くの兵を配置するため。この塁線の先には海につながる長浜川が流れており、海から侵攻する敵を予想して厳重な警戒をしている。

中城城跡（図16・32参照）　創建は明らかでないが、近年の発掘調査で、一四世紀ごろにはすでに基本部分ができあがっていたことがわかった。一五世紀の前半になると、築城家として知られる護佐丸が勝連半島に拠っていた阿麻和利に対する備えとして、先の座喜味城から移封されて三の曲輪や北の曲輪が新たに付け加えられ現在の姿に整ったといわれる。

当時の琉球は、沖縄島南部の佐敷から興った第一尚氏によって国家統一がおこなわれていく過程にあり、その最終段階でこの城がはたした役割は大きく歴史的評価も高い。

勝連城跡（図61）　琉球王国の王権が安定していく過程で、国王に最後まで抵抗した有力按司阿麻和利の居城。城の創建については明らかでないが、近年実施された発掘調査で最古の遺構は一三世紀ごろで、海外貿易の拠点として栄えていたことがわかった。

阿麻和利は、一四五八年に国王の重臣で中城城に居城した護佐丸を滅ぼし、さらに王権の奪取をめざして国王の居城である首里城を攻めたが大敗して滅びた。これにより首里城を中心とする中山の王権は安定した。

図61 ● **勝連城跡**（南から）
城壁は琉球石灰岩の切石を用い屈曲させて高く積み上げている。城壁が屈曲しているのは、城壁の真下に侵入する敵兵にたいし側面からの観察・攻撃を可能とする工夫。

3 復元正殿焼失とこれから

世界遺産に登録されてから二〇年を迎える矢先の二〇一九年一〇月三一日未明、首里城跡の正殿を中心とする平成の復元建物八棟とそこに収蔵・展示されていた貴重な多くの文化財が焼損した。テレビの速報で伝えられる焼け落ちていく光景を前に多くの県民が喪失感に襲われた。皮肉なことにこうした不慮の事故をきっかけにして、世界遺産としての顕著な普遍的価値の大きさがあらためて認識されるようになり、同時に琉球の歴史と文化をみつめなおす機運も生じてきた。首里城炎上からわずか二カ月の間に二十数億円という巨額な再建支援金が県内外や国外から寄せられていることがそのことをよくものがたっている。

首里城の建物は沖縄戦での壊滅的な破壊を除けば過去三回にわたって焼失し、そのたびによみがえってきた。復元したばかりの貴重な建物を焼失したことは残念だが、落胆し立ち止まることがあってはならないだろう。

平成の復元についての沖縄県民の理念は、「首里城の復元なくしては沖縄の戦後は終わらない」といった声に代表されるように「戦災文化財」の復元であった。

今後の首里城跡建物群再建では何を理念に掲げるのか。文化遺産といえば観光活用といわれる昨今、観光振興を優先するあまり、首里城跡の本質的な価値を見失うようなことがあってはならない。世界文化遺産としての首里城跡の価値・評価を再確認し、再建への理念を早めに構築していくことがいま求められている。

首里城公園

・沖縄県那覇市首里金城町1―2
・電話　098（886）2020
・開園時間　4～6・10・11月は8：00～19：30、7～9月は8：00～20：30、12～3月は8：00～18：30
・入園料　無料
・交通　ゆいレール「首里駅」下車、徒歩約15分で守礼門到着。または首里駅前バス停より路線バスで「首里城前」下車、徒歩1分で守礼門到着、路線によっては「首里城公園入口」下車、徒歩約5分で守礼門到着

首里城を中心とした一帯が首里城公園として整備され、正殿・南殿・北殿および城壁・門が復元された。二〇一九年には約三〇年にわたる復元工事が完了し、国営沖縄記念公園の首里城地区となり、国王が家族や女官と暮らした御内原（おうちばら）などの復元建物が公開されたが、二〇一九年一〇月三一日未明の火災により復元された正殿および北殿、南殿が全焼。見学できる区域は復旧工事の進捗状況により変更されているので、ホームページなど参照のこと。

首里城公園

沖縄県立博物館・美術館

・那覇市おもろまち3―1―1
・電話　098（941）8200
・開館時間　9：00～18：00（入館は17：30まで）、金土は20：00まで開館（入館は19：30まで）
・休館日　月曜（祝日・振替休日・慰霊の日の場合は翌日）、年末年始（12月29～1月1日）
・入館料　博物館常設展一般530円、高校大学生260円、小中学生（県外）150円、同（県内）無料
・交通　ゆいレール「おもろまち駅」下車、徒歩10分。バスで那覇市内線3・7・10番線で「県立博物館前」下車ほか。

常設展（部門展示）の自然史・考古部門展示で、琉球列島の歴史を解説。

沖縄県立博物館・美術館

遺跡には感動がある

——シリーズ「遺跡を学ぶ」刊行にあたって——

「遺跡には感動がある」。これが本企画のキーワードです。

あらためていうまでもなく、専門の研究者にとっては遺跡の発掘こそ考古学の基礎をなす基本的な手段です。また、はじめて考古学を学ぶ若い学生や一般の人びとにとって「遺跡は教室」です。

日本考古学では、もうかなり長期間にわたって、発掘・発見ブームが続いています。そして、毎年厖大な数の発掘調査報告書が、主として開発のための事前発掘を担当する埋蔵文化財行政機関や地方自治体などによって刊行されています。そこには専門研究者でさえ完全には把握できないほどの情報や記録が満ちあふれています。しかし、その遺跡の発掘によってどんな学問的成果が得られたのか、その遺跡やそこから出た文化財が古い時代の歴史を知るためにいかなる意義をもつのかなどといった点を、莫大な記述・記録の中から読みとることははなはだ困難です。ましてや、考古学に関心をもつ一般の社会人にとっては、刊行部数が少なく、数があっても高価なその報告書を手にすることすら、ほとんど困難といってよい状況です。

いま日本考古学は過多ともいえる資料と情報量の中で、考古学とはどんな学問か、また遺跡の発掘から何を求め、何を明らかにすべきかといった「哲学」と「指針」が必要な時期にいたっていると認識します。

本企画は「遺跡には感動がある」をキーワードとして、発掘の原点から考古学の本質を問い続ける試みとして、日本考古学が存続する限り、永く継続すべき企画と決意しています。いまや、考古学にすべての人びとの感動を引きつけることが、日本考古学の存立基盤を固めるために、欠かせない努力目標の一つです。必ずや研究者のみならず、多くの市民の共感をいただけるものと信じて疑いません。

二〇〇四年一月

戸沢充則

著者紹介

當眞嗣一（とうま・しいち）

1944年、沖縄県西原町生まれ。
琉球大学法文学部史学科卒業。
沖縄県教育庁文化課課長、沖縄県立博物館館長、沖縄考古学会会長を歴任。現在、グスク研究所主宰。
おもな著書 『琉球グスク研究』『沖縄近・現代の考古学』琉球書房、『考古資料より見た沖縄の鉄器文化』沖縄県立博物館、「沖縄から発信する戦跡考古学」『歴史評論』615ほか。

●写真提供（所蔵）
国営沖縄記念公園（首里城公園）：図1・4・6・26・31・34〜36・46・47・51・58／那覇市歴史博物館：図2・3・56／沖縄県立埋蔵文化財センター：図5・8・10・11・20〜23・39・41〜45・48〜50・54／沖縄県立博物館・美術館：図9・12・18・19／うるま市教育委員会：図13・61／中城城跡共同管理協議会：図16・32（上）／沖縄県立芸術大学附属図書館・芸術資料館（鎌倉芳太郎撮影）：図25／読谷村教育委員会：図32（下）・60／国立公文書館内閣文庫：図37／朝日新聞社：図57／今帰仁村教育委員会：図59
●図版出典（一部改変）
図7：沖縄考古学会編 2018『南島考古入門』ボーダーインクより作図／図17：沖縄県立博物館・美術館『博物館展示ガイド』より作図／図24・27：国土地理院・基盤地図情報使用、小林政能調製／図28：MUI景画提供より作図／図29：田辺泰 1972『琉球建築』座右宝刊行会より作図／図38・40：沖縄県立埋蔵文化財センター 2016『首里城跡─正殿地区発掘調査報告書─』／図52：沖縄県教育委員会 1988『首里城跡─歓会門・久慶門内側地域の復元整備事業にかかる遺構調査─』

上記以外は著者／年代については「沖縄・奄美総合歴史年表」『沖縄大百科事典別巻』沖縄タイムス社を参考にした。

シリーズ「遺跡を学ぶ」145

琉球王国の象徴　首里城

2020年 3月 30日　第1版第1刷発行

著　者＝當眞嗣一

発行者＝株式会社 新 泉 社
東京都文京区本郷2−5−12
TEL 03（3815）1662／FAX 03（3815）1422
印刷／三秀舎　製本／榎本製本

ISBN978−4−7877−2035−1　C1021

新泉社

シリーズ「遺跡を学ぶ」

104
島に生きた旧石器人　沖縄の洞穴遺跡と人骨化石
山崎真治

アフリカを旅立ち、東アジアに拡散した現生人類は、四万〜三万年前、海を渡って沖縄の島々へ到達した。石垣島の白保竿根田原（しらほさおねたばる）洞穴遺跡と沖縄島のサキタリ洞遺跡からみつかった人骨化石や貝器から沖縄人類史の謎に迫る。

1600円＋税

137
沖縄戦の発掘　沖縄陸軍病院南風原壕群
池田榮史

沖縄戦のさなか、那覇市の南となり南風原町に、沖縄陸軍病院の地下壕群がつくられた。「ひめゆり学徒隊」も看護助手として動員され、米軍の爆撃にさらされながらも負傷兵を収容し治療にあたった。壕の発掘調査から戦争の実態を後世に伝える戦跡考古学の実践。

1600円＋税

061
中世日本最大の貿易都市　博多遺跡群
大庭康時

海をはさんで大陸とむきあう博多は、中世、大陸との貿易・交流の中心地だった。宋商人が住んだ「博多津唐房」、元軍の襲来に備えた元寇防塁、道路と町並みの遺構、膨大な量の中国陶磁器などから、東アジアの人とモノが交錯する貿易都市・博多の姿を明らかにする。

1500円＋税